JOHANN LAFER

Ein Leben für den guten Geschmack

erzählt von Jan Hofer

Meine
50
besten
Rezepte

LAFER

Inhalt

Ein Wort vorab **4**

1. Kindheit **7**
2. Lehrjahre **29**
3. Wanderjahre **47**
4. Guldental und Stromburg **75**
5. TV und Medien **119**
6. Immer wieder was Neues **143**
7. Auf in die Zukunft **167**

Register **190**

Impressum **192**

Ein Wort vorab

Johann Lafer und ich, wir kennen uns seit mehr als 30 Jahren. Wann und wo wir uns zum ersten Mal begegnet sind, lässt sich nicht mehr auf den Tag genau feststellen. Sehr wahrscheinlich bei irgendeiner Fernsehsendung. Es ist auch unwichtig. Wichtig ist, dass wir uns von der ersten Sekunde an verstanden haben. Vielleicht lag es an unserer Herkunft. Beide aus provinziellen, kleinen Verhältnissen. Beide extrem zielstrebig und mit dem festen Willen, ganz nach oben zu kommen. Mir hat man, als Kind des unteren Niederrheins, nicht an der Wiege gesungen, irgendwann einmal ein fester Bestandteil der deutschen Fernsehlandschaft zu sein. Und Johann, geboren in einem Dorf in der österreichischen Steiermark, konnte ebenfalls nicht damit rechnen, ein herausragender Koch mit einer riesigen Fangemeinde zu werden.

Davon handelt dieses Buch: vom Weg des Steirer Bauernbuben in die Höhen des Kocholymps. Es ist eine Reise durch ein spannendes Leben, erzählt mit vielen Gerichten zum Nachkochen und Genießen. Denn das ist das größte Anliegen Johanns: auch aus den kleinsten und unscheinbarsten Dingen Genuss zu zaubern. Das kann er wie kein Zweiter.

»Man kennt Johann Lafer als den berühmten Koch, in Wirklichkeit aber ist er immer der kleine Hansi aus der Steiermark geblieben.« Dieser Satz der ZDF-Moderatorin Ingeborg Thomae nach einer Fernsehsendung beschreibt ziemlich genau die Person, die wir aus den Medien kennen, den herausragenden Koch, Entertainer und engagierten Botschafter für nachhaltige und gesunde Ernährung.

Johanns großartige Karriere ist das Ergebnis harter Arbeit und des unbändigen Willens, immer das Beste in höchster Perfektion zu liefern. Diese Eigenschaften sind das Ergebnis eines Elternhauses, in dem Liebe, Zuneigung und Zärtlichkeit rar waren. Wenn man etwas wollte, musste man es sich verdienen – und die Regeln waren streng. Nachlässigkeiten wurden nicht geduldet. So ist Johanns ganzes Leben bestimmt von der Suche nach Anerkennung. Bis heute, auf dem Gipfel seines Erfolges, hat sich das nicht geändert. Immer noch bestimmt die Perfektion sein gesamtes Handeln – im beruflichen genauso wie im privaten Bereich.

Schon als kleiner Junge war ihm bewusst, dass Lebensmittel, die Mittel zum Leben, ein kostbares Gut sind. Und so wurde alles verwertet, die Erzeugnisse aus der eigenen Nebenerwerbslandwirtschaft und das Wenige, was dazugekauft wurde. Hier wurde die Grundlage dafür gelegt, die Gaben, die die Natur uns bietet, wertzuschätzen. Das, was heute als ökologisch in Mode gekommen ist, war für Johann von jeher ein ungeschriebenes Gesetz. Nach einer langen erfolgreichen Karriere als Gastronom versteht er sich heute als Botschafter für nachhaltige, gesunde Ernährung und er wird nicht müde, in Vorträgen, Büchern und TV-Sendungen darauf hinzuweisen.

Dieses Buch dokumentiert das Leben Johann Lafers in vielen Rezepten aus den verschiedenen Stationen im In- und Ausland. Frei nach Jules Verne: In 50 Rezepten um die Welt. Ich wünsche Ihnen viel Spaß beim Lesen und Nachkochen.

1.
Kindheit

Zukunft braucht Herkunft

Das Leben in der Steiermark war hart und einfach. Aber der kleine Hansi kannte es nicht anders. Tag für Tag eine Stunde zu Fuß in die Schule, Sommer wie Winter. Schulbus? Daran war noch nicht zu denken. Die »moderne Welt« war in St. Stefan im Rosental noch nicht angekommen. Das gesellschaftliche Leben fand am Sonntag beim Kirchgang statt. Und auch für den heranwachsenden Buben, der lange selbst Messdiener war, war sie ein wichtiger Bezugspunkt. Die meisten Freizeitaktivitäten gab es dort und manchmal spendierte der Pfarrer eine Wurstsemmel – bis heute ein unvergesslicher Genuss für Johann.

In seinem Elternhaus kam das auf den Tisch, was die eigene Nebenerwerbslandwirtschaft hergab. Man hatte alles, was man brauchte, und dennoch wurde an allen Ecken und Enden gespart, leider auch an Nähe und Liebe. Der junge Hansi und seine beiden Geschwister mussten sich die Zuneigung ihrer Eltern hart erarbeiten. Wenn jedoch Besuch kam, zeigte sich, dass die Lafers gute Gastgeber waren. Die gesamte Familie half mit, den Gästen alles zu bieten, was die Speisekammer hergab. Legendär sind Großvaters Rühreier mit Minzstängeln und Bauernbrot. Eine ungewöhnliche Kombination, die man aber unbedingt ausprobieren sollte. Übrigens, die Eierschalen wurden nicht einfach weggeworfen, sondern fein zerrieben wieder unter das Tierfutter gemischt. Das Wort Kreislaufwirtschaft war zwar noch nicht erfunden, trotzdem wurde genau diese überall angewendet. Eine wichtige Nahrungsquelle waren ohnehin die eigenen Hühner. Backhendl mit Häupterlsalat etwa war eines der Gerichte, die man schnell zubereiten konnte und die immer dann auf den Tisch kamen, wenn überraschend Besuch vor der Tür stand. Dann wurde von Mutter Lafer eines der Hühner zur Strecke gebracht, gerupft, ausgenommen und zubereitet. Ein Gericht, das Johann Lafer bis heute geprägt hat. Dass man auch aus den Resten feine Sachen machen kann, das wusste man im Hause Lafer. Die Rahmsuppe mit Geflügelklein ist ein beredtes Beispiel. Und das immer

Die ganze Familie entspannt auf einer Wiese vor dem elterlichen Haus in St. Stefan. Rare Momente, die vor allem die Kinder genossen.

mit der Maßgabe, den Grundgeschmack des Produktes zu erhalten. Die Auswahl an Gewürzen war ohnehin beschränkt. Salz, Pfeffer, Wacholderbeeren, Kümmel, im Winter Zimt und natürlich Nelken, denn die konnte man auch als Hausmittel gegen Zahnschmerzen verwenden. Wohlgemerkt: Derart feine Speisen gab es nur zu besonderen Anlässen und zur Vorbereitung gehörte, dass ein Huhn, ein Schwein oder ein Kaninchen geschlachtet wurde. Nur die Kuh wurde verschont, denn die musste ja weiterhin die Milch geben.

Bis heute ist das Sammeln von naturnahen Produkten überall auf der Welt Johanns größte Leidenschaft. Bei allem Überfluss, den unsere moderne Wohlstandsgesellschaft bietet, hat er seine Herkunft nie vergessen und nach wie vor gilt für ihn, zumindest in kulinarischer Hinsicht, der Satz des österreichischen Schriftstellers Peter Rosegger: »Arm ist nicht, wer wenig hat, sondern wer viel braucht.«

Johann hat seit jeher ein Faible für Mehlspeisen. Daheim in St. Stefan war Mutter Lafer für diese zuständig, aber sie hatte in ihrem Sohn einen fleißigen und wissbegierigen Helfer. Sein Hang zur Perfektion wurde damals geboren und auch hier war die Mutter wegweisend: Wenn mal etwas nicht so ganz gelungen war, schlug sich das sofort auf ihr Gemüt, sie war tagelang grantig und unausstehlich. Wurde beispielsweise bei den Faschingskrapfen der Rand nicht gleichmäßig oder gar schief und war vielleicht die süße Füllung nicht perfekt gelungen, war Mutter Lafer schlecht gelaunt und man ging ihr möglichst aus dem Weg. Doch selbst das hat den kleinen Johann eher noch ermutigt, selbst am Herd tätig zu werden. Und so ließ er sich zum Geburtstag kein Spielzeug, sondern Rührschüssel und Schneebesen schenken. Er wollte genauso gut werden wie die Mutter. Dabei sollten die beruflichen Weichen ursprünglich anders gestellt werden: Der Pfarrer wollte den Buben für das Priesterseminar vorschlagen. Doch diese Ausbildung gab es nicht umsonst und das Geld für das Priesterinternat hatten die Eltern schlichtweg nicht. Man möchte meinen: Gott sei Dank! Welches Talent wäre verschenkt worden.

Inzwischen war Johann herangewachsen und wollte hinaus in die Welt. Da kamen ihm die Geschichten eines Seemanns aus dem Heimatort recht, der als Koch die Pfanne in der Kombüse eines Schiffes schwenkte. »Köche kommen weit herum«, berichtete er und seine Geschichten weckten in dem kleinen Hansi Sehnsüchte und Träume. Also: Eine Kochlehre sollte es sein. In Graz, etwa 40 Kilometer von daheim entfernt. Für einen, der noch nie aus seinem Heimatort herausgekommen war, ein ziemliches Abenteuer. Der Vater fuhr mit ihm zu einem Vorstellungsgespräch und man fand Gefallen an dem aufgeweckten Buben. Er hatte die Lehrstelle und seine Großmutter schenkte ihm zum Ausbildungsbeginn 1973 den »Großen Pellaprat«, das kulinarische Standardwerk über die französische und internationale Küche, und das »Universal-Lexikon der Kochkunst«. Der Karriere als Meisterkoch stand also nichts mehr im Wege …

Johanns Kindheitstraum, ein berühmter Fußballstar zu werden, ging leider nicht in Erfüllung. Dafür wurde er ein Star unter den Köchen.

Opas Rührei mit Minzstängel und Bauernbrot

Für 2 Personen (für Opa und mich)
Zubereitungszeit: ca. 10 Min.

6–8 Eier (Größe M)
75 g Sahne
Salz, Pfeffer
6–8 Zweige Pfefferminze mit braunem Stiel
50 g Butter
frisches Bauernbrot

1. Die Eier in eine Schüssel aufschlagen, mit der Sahne verquirlen und dann mit Salz und Pfeffer würzen.
2. Die Blätter von der Minze zupfen und die Stiele klein schneiden (Blätter anderweitig verwenden).
3. In einer Pfanne bei mittlerer Hitze die Butter zerlassen. Die verquirlten Eier zufügen und unter gelegentlichem Rühren mit einem Spatel langsam stocken lassen.
4. Das Rührei auf zwei Teller verteilen und mit den fein geschnittenen Minzestängeln bestreuen. Dazu ein frisches Bauernbrot servieren.

Johanns Großvater war ein einfacher Mann, der in seiner Werkstatt wohnte und arbeitete. Dort stand auf einem Schrank, für den kleinen Bub unerreichbar, eine Blechdose mit geheimnisvollem Inhalt. Jeden Tag nahm der Opa einen Schluck daraus. Was mochte das wohl nur Wohlschmeckendes sein? Die Jahre zogen ins Land, Johann war inzwischen groß genug, um an die Blechdose zu gelangen. Wie groß war die Enttäuschung, als er feststellen musste, dass darin nicht etwa ein süßer Likör, sondern einfaches spanisches Olivenöl war. Der Geschmack war so nachhaltig, dass Johann noch Jahre später kein Olivenöl riechen, geschweige denn zu sich nehmen konnte. Das ist natürlich längst vergessen und heute ist Johann, wie kein Zweiter, ein Olivenölfan. Inzwischen sammelt er die kostbare Flüssigkeit in der ganzen Welt. Warum der Großvater jedoch täglich davon trank, ist ihm bis heute unerschlossen geblieben.

Rahmsuppe mit Geflügelklein

Für 4 Personen
Zubereitungszeit:
ca. 40 Min. +
ca. 2 Std. Kochzeit

500 g gemischtes Geflügelklein (Flügel, Herz, Leber, Magen, Hals, evtl. Karkasse)
1 Zwiebel
2–3 Nelken
1 EL schwarze Pfefferkörner (zerstoßen)
Salz
300 g gemischtes Wurzelgemüse (Möhren, Staudensellerie, Lauch, Petersilienwurzel)
2 Lorbeerblätter
2 Zweige Petersilie
1–2 Zweige Majoran
50 g Butter
50 g Mehl
150 g Sahne
frische Petersilie

1. Das Geflügelklein mit kaltem Wasser abbrausen, trocken tupfen und evtl. etwas zerkleinern. In einen großen Topf geben, 750 ml kaltes Wasser angießen und aufkochen lassen.
2. Die Zwiebel halbieren (nicht schälen), mit der Schnittfläche nach unten in eine Pfanne setzen und dunkelbraun rösten. Geröstete Zwiebel, Nelken, zerstoßene Pfefferkörner und 1 kräftige Prise Salz zum Geflügelklein geben und alles zugedeckt bei schwacher Hitze ca. 45 Min. garen. Dabei regelmäßig den Schaum abschöpfen.
3. Das Wurzelgemüse schälen und mit Lorbeer, Petersilie und Majoran zu einem Bouquet binden. Zum Geflügelklein geben und dieses dann weitere ca. 30 Min. kochen.
4. Gemüsebouquet und Gänseklein aus dem Topf heben und beiseitestellen. Die Flüssigkeit durch ein feines Sieb passieren. Herz, Leber und Magen in Würfel schneiden. Flügel und Halsfleisch vom Knochen zupfen. Das Wurzelgemüse klein würfeln.
5. Die Butter in einem Topf aufschäumen lassen. Das Mehl unterrühren und ca. 5 Min. bei reduzierter Hitze goldbraun rösten. Dabei ständig rühren. Mit der passierten Flüssigkeit und Sahne aufgießen und alles um ca. ⅓ einkochen lassen.
6. Die Petersilie abzupfen und fein hacken. Innereien, Fleisch und Gemüse in die eingekochte Suppe geben und alles nochmals mit Salz und Pfeffer abschmecken. Zum Schluss mit gehackter Petersilie bestreuen.

Eine Spezialität aus Mutter Lafers Küche – immer nach dem Motto: Von einem Huhn kann man (fast) alles verwerten. Es kommt nur darauf an, was man daraus macht.

Wiener Schnitzel

Für 4 Personen
Zubereitungszeit:
ca. 35 Min.

4 Kalbsschnitzel (à ca. 150 g; aus der Nuss oder dem Rücken)
2 Eier (Größe M)
75 g doppelgriffiges Mehl (Dunst)
150 g Semmelbrösel
Salz, Pfeffer
125 g Butterschmalz
50 ml Sonnenblumenöl

Außerdem:
2 Zitronen (in Spalten)
kaltgerührte Preiselbeeren (selbst gemacht oder fertig gekauft)

1. Die Kalbsschnitzel zwischen zwei leicht geölten Stücken Frischhaltefolie ca. 3 mm dünn plattieren. Die Eier in einem tiefen Teller verquirlen. Mehl und Semmelbrösel auf zwei Teller geben.
2. Die Schnitzel salzen und pfeffern. Erst in Mehl wenden, dann durch die verquirlten Eier ziehen und schließlich in Semmelbröseln panieren.
3. Das Butterschmalz zusammen mit dem Sonnenblumenöl in einer großen Pfanne erhitzen. Die panierten Schnitzel darin schwimmend von beiden Seiten unter ständigem Schwenken ca. 6 Min. goldbraun ausbacken. Herausnehmen und auf Küchenpapier abtropfen lassen.
4. Gebackene Schnitzel mit Zitronenspalten und Preiselbeeren servieren. Bei uns zu Hause gab es dazu immer einen grünen Salat und gekochte Salzkartoffeln.

Ein gutes Wiener Schnitzel wird natürlich aus zartem Kalbfleisch gemacht. Das allerdings sah man im Hause Lafer früher nicht so eng. Es gab schlichtweg kein Kalb, das man hätte schlachten können. Stattdessen musste eines der Schweine herhalten, die auf dem Hof gehalten wurden. Umso wichtiger war die luftig-wellig gebackene Panade. Dazu muss das Schnitzel im Schmalz schwimmend ausgebacken und dabei ständig leicht geschwenkt werden. Ein kleiner Trick: Das Fleisch mit etwas Wasser einsprühen, bevor man es würzt und paniert. Dadurch hebt sich die Panade später wunderbar ab.

Backhendl mit Häupterlsalat

Für 4 Personen
Zubereitungszeit:
ca. 35 Min. +
ca. 30 Min. Garzeit

Für das Backhendl:
2 Hühnchen (à ca. 1100 g)
Salz, Pfeffer
edelsüßes Paprikapulver
2 Eier (Größe M)
doppelgriffiges Mehl
200 g Semmelbrösel
400 g Butterschmalz

Für den Salat:
2 Kopfsalate (Häupterlsalat)
2–3 EL Weißweinessig
1 TL Senf
3–4 EL Rapsöl
3–4 EL Kürbiskernöl
Gartenkresse (nach Belieben)
Salz, Cayennepfeffer

Außerdem:
2 Zitronen (in Spalten)

1. Von den Hühnchen die Brüste herunterschneiden und halbieren. Die Keulen ab- und am Gelenk durchtrennen. Nach Belieben die Haut entfernen. Alle Stücke kräftig mit Salz, Pfeffer und Paprikapulver würzen.
2. Die Eier in einem tiefen Teller verquirlen. Doppelgriffiges Mehl und Semmelbrösel auf zwei Teller geben. Die Hendlteile erst in Mehl wenden, dann durch das verquirlte Ei ziehen und schließlich in Semmelbröseln panieren.
3. Den Backofen auf 200° (Umluft) vorheizen. Das Butterschmalz in einer breiten Pfanne erhitzen und die panierten Hendlteile darin schwimmend goldbraun und knusprig ausbacken. Dabei die Stücke gelegentlich wenden.
4. Anschließend die Stücke auf ein Backblech verteilen und im Ofen ca. 20 Min. nachbacken. In dieser Zeit einmal umdrehen.
5. Inzwischen die Kopfsalate putzen, waschen, trocken schleudern und in mundgerechte Stücke zupfen. In einer großen Schüssel Essig, Senf und die beiden Ölsorten verquirlen, Salat und Kresse locker untermischen und zum Schluss alles mit Salz und Cayennepfeffer würzen.
6. Das gebackene Hendl auf Küchenpapier abtropfen lassen und mit Salat und Zitronenspalten servieren.

Die Lafers waren streng katholisch und somit gab es am Freitag kein Fleisch, sondern höchstens Fisch – oder Apfelstrudel. Der war vegetarisch (das Wort kannte man damals allerdings noch nicht) und entsprach den Ernährungsvorschriften der Kirche. Allerdings ist Johann in einer Angelegenheit seiner Mutter immer noch gram: Die Vanillesauce wurde aus Puddingpulver gemacht, inzwischen ein absolutes No-Go. Zum Apfelstrudel gehört natürlich eine selbst gemachte Sauce mit frischer Vanille. Basta!

Apfelstrudel

Für 4–6 Personen
Zubereitungszeit:
ca. 1 Std. +
ca. 40 Min. Backzeit

200 g Mehl
(+ Mehl zum Arbeiten)
2 EL Pflanzenöl
(+ 1 TL Öl zum Einstreichen)
Salz
1 kg säuerliche Äpfel
(z. B. Boskop)
75 g Zucker
Saft von ½ Zitrone
1 TL Zimt
30 g Butter
50 g Semmelbrösel
80 g flüssige Butter
50 g geröstete Mandelstifte
75 g Rosinen
(24 Std. in Rum eingelegt)
Puderzucker

1. Mehl, Öl, 1 Prise Salz und 120 ml lauwarmes Wasser ca. 5 Min. zu einem glatten, elastischen Teig verkneten. Eine Schüssel leicht einölen, den Teig hineingeben, mit Folie abdecken und ca. 2 Std. bei Zimmertemperatur ruhen lassen.
2. Inzwischen die Äpfel schälen und das Kerngehäuse ausstechen. Die Äpfel vierteln und quer in dünne Scheiben schneiden bzw. hobeln und diese in einer Schüssel mit 3 EL Zucker, Zitronensaft und etwas Zimt vermischen.
3. Die Butter in einer Pfanne schmelzen. Die Semmelbrösel darin goldbraun anrösten, den restlichen Zucker darüberstreuen und leicht karamellisieren lassen. Noch den restlichen Zimt zufügen und den Mix dann abkühlen lassen.
4. Den Backofen auf 200° (Ober-/Unterhitze) vorheizen. Den Teig etwas trocken tupfen und auf einem leicht bemehlten Tuch erst ausrollen, dann mit dem Handrücken von der Mitte aus möglichst dünn ausziehen. Man sollte das Muster des Küchentuchs darunter erkennen können.
5. Den Strudelteig dünn mit einem Teil der flüssigen Butter bestreichen. Zu ⅔ mit dem Bröselmix bestreuen, dann Äpfel, Mandelstifte und Rumrosinen darauf verteilen.
6. Die Seitenränder ca. 4 cm einschlagen. Nun das Tuch am Rand leicht anheben und den Strudel langsam einrollen. Dabei das Tuch immer wieder nachfassen, sodass der Strudel schön kompakt wird. Den Strudel vorsichtig auf ein mit Backpapier ausgelegtes Blech geben, mit der restlichen flüssigen Butter bestreichen und im Ofen (mittlere Schiene) 35–40 Min. knusprig backen. Mit Puderzucker bestäuben.

Spagatkrapfen

Für ca. 30 Krapfen
Zubereitungszeit:
ca. 1 Std. +
ca. 2 Std. Kühlzeit

250 g Mehl
(+ Mehl zum Arbeiten)
30 g Puderzucker
1 Ei (Größe M)
abgeriebene Schale
von 1 Bio-Zitrone
3 TL Zimt
3 EL Weißwein
125 g weiche zimmerwarme Butter
Salz
75 g Zucker
1 kg Butterschmalz

1. Mehl, Puderzucker, Ei, Zitronenschale, 1 TL Zimt, Weißwein, Butter und 1 Prise Salz in eine Schüssel geben und zu einem glatten Teig verkneten. Mit Klarsichtfolie abdecken und mind. 2 Std. kühl stellen.
2. Den Teig auf einer mit Mehl bestäubten Arbeitsfläche 3–5 mm dünn ausrollen und dann mit einem Teigrädchen ca. 5 x 8 cm große Rechtecke ausradeln. Auf ein mit Mehl bestäubtes Blech legen und erneut kühl stellen.
3. Den Zucker mit dem restlichen Zimt vermischen und auf einen flachen Teller geben.
4. Das Butterschmalz in einem Topf auf ca. 170° erhitzen. Ein Teigstück auf die Spagatkrapfenzange klemmen. Ersatzweise den Teig auf einen Holzstab legen und mit einem Bindfaden (österr.: Spagat) fixieren. Für ca. 3 Min. in das heiße Butterschmalz geben und goldbraun backen.
5. Den Spagatkrapfen aus dem Öl heben, kurz abtropfen lassen, dann vorsichtig von der Form auf ein mit einem Tuch ausgelegtes Blech schütteln und noch heiß in Zimtzucker wälzen. Die übrigen Krapfen Stück für Stück auf die gleiche Weise herstellen.
6. Die fertigen Spagatkrapfen in einer Gebäckdose aufbewahren. Nach 1 Woche sind sie besonders mürbe und zart.

Mit diesem steirischen Traditionsrezept verbindet Johann viele Erinnerungen an seine Heimat. Natürlich wurden die Krapfen im Hause Lafer nur zu besonderen Angelegenheiten fabriziert, denn die Herstellung ist sehr aufwendig. Sie wurden daher von der Mutter in einer Pappschachtel verwahrt und im hintersten Winkel des Kleiderschrankes versteckt, damit die Kinder nicht herankamen und sie wegnaschten.

Die Winter in der Steiermark waren mitunter hart und es fiel oft viel Schnee, dem Johann mit einer Schaufel zu Leibe rücken musste. Als Belohnung für die harte Arbeit gab es selbst gemachte Löffelbiskuits, in Österreich Biskotten genannt. Dazu wurde ein warmer Chadeau aus hausgemachtem Apfelsaft bereitet, der mit Zucker und viel Eigelb aufgeschlagen wurde wie ein Sabayon. Unvergessen Mutter Lafers Satz dazu: »Bub, iss, damit du groß und stark wirst.«

Biskotten mit Weinchadeau

Für 6 Personen
Zubereitungszeit:
ca. 40 Min. +
ca. 14 Min. Backzeit

Für die Biskotten:
3 Eier (Größe M)
30 g Zucker
1 EL Vanillezucker
100 g Puderzucker
(+ etwas Puderzucker zum Bestäuben)
100 g Mehl

Für das Chadeau:
3 Eigelbe (Größe M)
50 g Zucker
100 ml Weißwein
abgeriebene Schale von je ½ Bio-Orange und Bio-Zitrone

1. Den Backofen auf 180° (Ober-/Unterhitze) vorheizen. Für die Biskotten die Eier trennen. Eiweiße mit Zucker zu steifem Schnee schlagen. Eigelbe mit Vanillezucker und 25 g vom Puderzucker schaumig-steif schlagen. Nun den Eischnee abwechselnd mit dem gesiebten Mehl behutsam unter den Eigelbschaum heben.
2. Die Biskottenmasse in einen Spritzbeutel mit Lochtülle füllen und ca. 6 cm lange Zungen auf ein mit Backpapier belegtes Backblech spritzen. Die Biskotten mit dem restlichen Puderzucker großzügig bestäuben und im Ofen ca. 14 Min. backen. Herausnehmen und abkühlen lassen.
3. Für das Chadeau die Eigelbe mit Zucker, Wein sowie Orangen- und Zitronenschale in eine Schüssel (am besten eine halbrunde Schlagschüssel) geben und verrühren. Die Schüssel auf einen passenden Topf mit leicht köchelndem Wasser setzen und zu einer dickschaumigen Creme mit lockerem Stand aufschlagen. Die Schüssel vom Topf nehmen und das Chadeau noch etwas weiterschlagen.
4. Die Biskotten noch einmal mit ein wenig Puderzucker bestäuben und zum Chadeau servieren.

Faschingskrapfen mit Marillenmarmelade

Für ca. 16 Stück
Zubereitungszeit:
ca. 45 Min. +
ca. 1 ½ Std. zum Gehen

500 g Mehl (Type 550;
+ Mehl zum Arbeiten)
¼ TL Salz
1 Würfel frische Hefe (42 g)
200 ml Milch
60 g Butter
60 g Zucker
1 TL Vanillezucker
1 Ei (Größe M)
1 TL abgeriebene
Bio-Zitronenschale
600 g Butterschmalz
200 g Marillenmarmelade
Puderzucker

1. Das Mehl mit dem Salz in eine Schüssel geben, in die Mitte eine Mulde drücken. Die Hefe in eine Tasse bröckeln, mit etwas lauwarmem Wasser glatt rühren und in die Mulde geben. Etwas Mehl vom Rand darüberstäuben. Zugedeckt ca. 15 Min. an einem warmen Ort gehen lassen.
2. Die Milch erwärmen, die Butter dazugeben und schmelzen lassen. Mit Zucker, Vanillezucker, Ei und Zitronenschale zum Vorteig in die Schüssel geben und alles zu einem glatten, geschmeidigen Teig verarbeiten. Zugedeckt noch einmal ca. 30 Min. gehen lassen.
3. Den Teig nochmals auf wenig Mehl kräftig durchkneten und ca. 2,5 cm dick ausrollen. Mithilfe eines Ausstechers oder eines Trinkglases 16 Kreise mit ca. 6 cm Durchmesser ausstechen. Diese mit einem Tuch bedecken und ca. 45 Min. an einem warmen Ort gehen lassen.
4. Das Butterschmalz in einem großen, breiten Topf oder in einer tiefen, weiten Pfanne erhitzen. Wenn Sie ein Holzstäbchen oder den Stiel eines Kochlöffels hineinhalten und sich rundum kleine Bläschen bilden, ist das Fett heiß genug.
5. Die Teigstücke nach und nach im heißen Fett 4–5 Min. auf beiden Seiten goldbraun frittieren. Herausheben und auf Küchenpapier abtropfen lassen.
6. Die Krapfen vor dem Servieren mithilfe eines Spritzbeutels mit langer Lochtülle mit Marillenmarmelade füllen und mit Puderzucker bestäuben.

2.
Lehrjahre

Hinaus in die Welt

Gösser Bier aus Graz gilt heute noch als eines der besten Biere in Österreich und dort in der Gaststätte des Brauhauses eine Lehrstelle zu bekommen, war die Erfüllung von Johanns Traum. Er sollte sich jedoch zunächst als ein Albtraum erweisen.

Schon der Einstieg war problematisch. Als Vater Lafer mit dem Sprössling in der Gaststätte auf die Lehrchefin wartete, genehmigten sich beide einen kleinen Gerstensaft. Als die Frau dann kam, verweigerte sie die Begrüßung und schimpfte stattdessen: »Was soll aus dem Buben werden, wenn er jetzt schon Bier säuft?« Das war als Einstieg in ein Vorstellungsgespräch die denkbar schlechteste Variante. Aber irgendetwas musste der junge Bewerber gehabt haben, das die Chefin schlussendlich doch überzeugte, und so nahm sie ihn unter ihre Fittiche.

Die Ausbildung begann dann ebenfalls gleich mit einem Missgeschick. Denn bereits am dritten Tag schnitt sich Johann an der Aufschnittmaschine so in den Finger, dass er erst einmal drei Wochen krankfeiern musste. Erst danach ging es endlich richtig los, allerdings auch nicht so, wie Johann sich das vorgestellt hatte. Die Ausbildung bestand zunächst einmal aus »niederen« Tätigkeiten wie Kühlhaus putzen, Töpfe schrubben, Zwiebeln und Kartoffeln schälen. Monat für Monat. Schließlich musste das berühmte Saftgulasch vorbereitet werden. Aber der Ehrgeiz, immer eine Spur besser zu sein, der Johann bis heute auszeichnet, hatte ihn damals schon gepackt. Er begriff sehr schnell, dass auch die niedereren Arbeiten einen Sinn ergeben und dass ohne sie kein Koch vernünftig arbeiten kann. Sehr zum Missfallen übrigens der anderen Lehrlinge, die den »Streber« nicht mochten und in der Küche hinter dem Rücken des Küchenchefs Grimassen zogen. Es war eine harte Zeit und fast hätte Johann die Lehre abgebrochen, aber der Vater sprach ein Machtwort: »Du hast es so gewollt und nun ziehst du das auch durch.« Der Satz »Lehrjahre sind keine Herrenjahre« durfte natürlich auch nicht fehlen und so blieb der Bub zähneknirschend an seinem Arbeitsplatz. Den Blick fest auf die Zukunft gerichtet und die hieß: Johann Lafer wird ein berühmter Koch, vielleicht sogar einer, der mal im Fernsehen seine Künste präsentieren darf. Für die Eltern böhmische Dörfer, sie hatten gar kein Fernsehgerät.

Die Chefs im »Gösser Bräu« indess bemerkten seinen Ehrgeiz und sein Streben nach Perfektion sehr wohl und bald durfte Johann die ersten eigenen Gerichte zubereiten, das berühmte Sulmtaler Hendl zum Beispiel. Für Johann war es eine Sensation, als man ihm beibrachte, dass man bei einem Huhn die Haut lösen und darunter füllen konnte. Dieses besondere Gericht wurde auch nur zu besonderen Anlässen angeboten.

Die Lehrchefin, Erika Wagner, beobachtete das junge Talent sehr genau und sie bemerkte auch seine Affinität zu Süßspeisen. Später schrieb sie ihm in einer Widmung: »Seine ausgesprochen hohe Begabung sowie sein feines Gespür für den besonderen Geschmack haben schon damals erkennen lassen, dass in ihm ein wahres Naturtalent steckt.«

»Gösser Bräu« steht seit 1902 für bodenständige, traditionelle Küche und ist bis heute eine Grazer Institution. Während Johanns Ausbildung war Erika Wagner, hier auf dem Bild, die Lehrchefin.

Die Liebe zu den Mehlspeisen hatte Johann von seiner Mutter geerbt und so war er froh, als er die Chance bekam, in der Pâtisserie zu arbeiten. Dort werkelte eine ältere Dame, Rosa Jäger, die ähnlich wie Irmgard Lafer ein ausgesprochenes Händchen für alles Süße hatte. Nachdem auch sie davon überzeugt war, den richtigen Auszubildenden für ihre Mehlspeisen gefunden zu habe, durfte Johann die ersten kleinen Aufgaben übernehmen. Diese Tätigkeiten bestanden zwar erst einmal nur darin, mit den vorgeschriebenen Zutaten den Kuchenteig zu rühren oder den Apfelstrudel auszurollen. Aber früh übt sich und Johann gefiel's. Allerdings hatte Rosa eine Marotte: Ihre Rezepte hielt sie geheim, niedergeschrieben in einem kleinen Büchlein, das sie nie aus der Hand gab. Zu groß war ihre Sorge, jemand könnte ihre Geheimnisse stehlen. Und so wurden alle Zutaten von ihr genau abgewogen und in Schüsseln vorbereitet. Es dauerte Jahre, bis Johann dieses Geheimbüchlein sein Eigen nennen durfte.

In der Mehlspeisenküche wurden nicht nur wieder Erinnerungen wach an die heimische Küche, unter der Leitung der faszinierenden älteren Dame wurden auch die wirklichen Weichen für Johanns weitere Karriere gestellt. Bei seinen nächsten Stationen war er nämlich vorwiegend in der Pâtisserie tätig und als Krönung wählte man ihn 1980 zum besten Pâtissier Deutschlands. Seine Spezialität damals war die Malakoff-Torte – wenngleich er während seiner Ausbildung von Chefin Erika Wagner gelegentlich gerügt wurde, wenn er die Löffelbiskuits nicht genügend mit einer Mischung aus Rum und Creme getränkt hatte. Ihren Namen hat die Torte übrigens von einem französischen Marschall, der 1853 im »Krimkrieg« den strategisch wichtigen Befestigungsturm von Fort Malakoff eroberte und daraufhin zum Herzog ernannt wurde. Angeblich präsentierte man zur Feier der Erstürmung einen Kuchen von enormen Dimensionen, der die Festung Malakoff darstellen sollte. Heute ist die Torte auf ein Normalmaß geschrumpft, dafür aber ein fester Bestandteil der österreichischen Süßspeisenküche.

Zu einer professionellen Ausbildung gehört natürlich auch die Berufsschule. Hier fand Johann in Hans Senk, einem Lehrer, der früh an ihn glaubte, einen weiteren Förderer. Er gab ihm nicht nur das theoretische Gerüst für seinen Beruf mit, sondern erkannte auch Johanns Showtalent. Einmal im Jahr fand nämlich die Grazer Messe statt, eine regionale Leistungsschau mit ortsansässigen Unternehmen. Die Berufsschule hatte dort eine Showküche aufgebaut und Johann durfte vor Publikum die neuesten Küchentrends präsentieren. Dem Buben, der sonst eigentlich eher zurückhaltend und schweigsam war, gefiel die Aufmerksamkeit, die ihm zuteilwurde, und er hatte erstaunlicherweise nicht die geringste Scheu, vor 300 Zuschauern aufzutreten. Denn schon der junge Johann begriff, dass gute Leistung auch verkauft werden muss. Oder wie das Sprichwort sagt: »Tue Gutes und rede darüber.«

Seine lockere Art der Präsentation begeisterte das Publikum. Aber es gab noch jemanden unter den Zuschauern, der sich Johann genauer anschaute und bei einem kurzen Gespräch prophezeite, dass hier ein außergewöhnliches Talent auf der Bühne stand: Jörg Schlenker, seinerzeit Küchenchef des Hotels »Schweizerhof« in Berlin. Berufsschullehrer Hans Senk hatte das mitbekommen und ermunterte seinen Schüler nach der erfolgreichen Abschlussprüfung, eine Bewerbung nach Berlin zu schicken. Und als dieser ihm schließlich Vollzug meldete, antwortete er nur knapp: »Nichts anderes habe ich von dir erwartet.«

Die Entscheidung war zwar nicht ganz einfach und die erste Freundin nicht begeistert, denn sie hätte Johann lieber bei sich behalten. Aber der Wunsch, etwas aus sich zu machen, war stärker und die Freundin hatte keine Chance. Sie blieb zurück. Mit den Freundinnen war das damals ohnehin so eine Sache. Köche haben Arbeitszeiten, die einer Beziehung nicht unbedingt dienlich sind. Meist verabschiedeten sich daher die jungen Damen bereits nach kurzer Zeit, weil sie keine Lust hatten, die Abende ständig allein zu verbringen.

Eine Seite aus Johanns privatem Fotoalbum: Der stolze Jungpâtissier mit seinen Kunstwerken – noch ganz klassisch im Stil der Zeit. Der typische Laferlook sollte erst noch erfunden werden.

LEOBEN-GOSS

Kürbiscremesuppe mit steirischem Kernöl und gerösteten Kürbiskernen

Für 4 Personen
Zubereitungszeit:
ca. 25 Min. +
ca. 20 Min. Garzeit

400 g Hokkaidokürbis
20 g Ingwer
2–3 Schalotten
2 EL Rapsöl
500 ml Gemüsebrühe
150 g Sahne
ca. 40 g Kürbiskerne
Salz, Pfeffer
3–4 EL steirisches Kürbiskernöl

1. Den Kürbis waschen, entkernen und samt Schale grob würfeln. Ingwer und Schalotten schälen und in dünne Scheiben schneiden.
2. In einem Topf das Rapsöl erhitzen. Schalotten und Ingwer ca. 2 Min. darin anschwitzen. Den Kürbis zufügen und 3–4 Min. mit andünsten. Mit Gemüsebrühe und Sahne aufgießen und alles ca. 20 Min. bei mittlerer Hitze zugedeckt köcheln lassen.
3. Inzwischen die Kürbiskerne ohne Fett in einer Pfanne rösten, danach salzen und grob hacken.
4. Die Kürbissuppe mit einem Pürierstab oder im Standmixer fein pürieren und mit Salz und Pfeffer würzig abschmecken. In tiefe Teller oder Suppentassen füllen, mit Kürbiskernöl beträufeln und mit den gehackten Kürbiskernen bestreut servieren.

Kürbissuppe gab es bei Johann zu Hause nicht, denn der steirische Kürbis hat praktisch keinen Eigengeschmack. In mühsamer Handarbeit wurden die Kerne entfernt und für drei Kilo davon waren 60–80 Kürbisse notwendig. Die Kerne brachte man in eine Ölmühle und mit viel Glück wurde daraus dann ein Liter Öl gewonnen. Dank heutiger Kürbissorten wie Hokkaido ist in Verbindung mit Kürbiskernen und Kürbiskernöl also eine Spezialität entstanden, die es früher so nicht gab.

Ein richtig gutes Saftgulasch zu machen, ist eine größere Herausforderung als so manches Gericht der Haute Cuisine. Die Aromen in Kombination mit weichem Fleisch, das ist wirklich ehrliche, große Küche. Man braucht vor allem viel Zeit, denn es gibt keine Tricks, den Schmorvorgang zu beschleunigen. Man muss einfach akzeptieren, dass man hier keine Abkürzung nehmen kann.

Saftgulasch

Für 4–6 Personen
Zubereitungszeit:
ca. 40 Min. +
ca. 4 Std. Garzeit

800 g große Gemüsezwiebeln
50 g Butterschmalz
30 g edelsüßes Paprikapulver
2 EL Tomatenmark
4–5 EL Rotweinessig
750 ml kräftige Fleischbrühe
1,2 kg gut durchwachsenes Rindfleisch (z. B. Wade oder Schulter)
2–3 Knoblauchzehen
1 TL Kümmel
3 Lorbeerblätter
Salz, Pfeffer
Petersilie

1. Die Zwiebeln schälen und würfeln. In einem Bräter oder breiten Topf das Butterschmalz erhitzen und die Zwiebeln darin ca. 20 Min. bei schwacher bis mittlerer Hitze goldbraun schmoren. Dabei regelmäßig umrühren.
2. Paprikapulver mit Tomatenmark, Essig und Fleischbrühe verrühren, die Mischung zu den Zwiebeln gießen und unterrühren. Zugedeckt weitere ca. 40 Min. leise schmoren lassen, dann alles erst leicht mit einem Stabmixer pürieren und anschließend durch ein feines Sieb drücken.
3. Inzwischen das Rindfleisch in ca. 4 cm große Würfel schneiden. Den Knoblauch schälen und zusammen mit dem Kümmel fein hacken.
4. Das gewürfelte Fleisch in die passierte Sauce geben. Lorbeerblätter und Knoblauch-Kümmel-Mischung zufügen und alles gut vermengen. Den Bräter bzw. Topf zudecken und das Gulasch bei schwacher bis mittlerer Hitze ca. 3 Std. auf dem Herd oder bei 180° (Ober-/Unterhitze) im Backofen schmoren, bis das Fleisch schön zart ist.
5. Vor dem Servieren die Lorbeerblätter entfernen und das Gulasch mit Salz und Pfeffer abschmecken. Auf tiefe Teller verteilen und Petersilie darüberzupfen. Dazu passen am besten frische Kaisersemmeln oder Bauernbrot.

Sulmtaler Hendl, unter der Haut gefüllt

Für 4 Personen
Zubereitungszeit:
ca. 40 Min. +
ca. 1 ½ Std. Garzeit

1 Sulmtaler Hendl (ca. 1,5 kg)
3 EL Rapsöl
1 TL Paprikapulver
Salz, Pfeffer
400 ml kräftige Geflügelbrühe
2–3 kleine Zwiebeln
4 junge Möhren
3 Petersilienwurzeln
1 Stange Lauch
2 Stangen Staudensellerie
6–8 kleinere Tomaten
je 2–3 Zweige Rosmarin und Thymian

Für die Füllung:
2 Schalotten
1 Knoblauchzehe
je 2–3 Zweige Petersilie und Majoran
25 g Butterschmalz
100 g Semmeln
150 ml Milch
2 Eier (Größe M)
Salz, Pfeffer
geriebene Muskatnuss

1. Für die Füllung Schalotten und Knoblauch schälen und fein würfeln. Die Kräuter abzupfen und fein hacken. Schalotten und Knoblauch in Butterschmalz farblos anschwitzen. Kräuter zugeben und kurz mitdünsten. Beiseitestellen.
2. Die Semmeln würfeln und in eine große Schüssel geben. Die Milch erhitzen, darübergießen, ca. 10 Min. ziehen lassen, dann die Eier und die Schalotten-Knoblauch-Mischung zugeben und mit Salz, Pfeffer und Muskatnuss würzen. Gut vermengen und die Masse in einen Spritzbeutel umfüllen.
3. Mit den Fingern beim Huhn vorsichtig unter die Haut des Brustfleisches gehen und diese behutsam lösen, ohne dass die Haut reißt. Mit dem Spritzbeutel die Semmelmasse vorsichtig zwischen Haut und Fleisch drücken und mit den Händen noch etwas gleichmäßiger verteilen.
4. Den Backofen auf 180° (Ober-/Unterhitze) vorheizen. Rapsöl mit Paprikapulver, Salz und Pfeffer mischen, das Hendl gleichmäßig damit einpinseln, in eine Auflaufform setzen, die Brühe angießen, die Form in den Ofen schieben und das Hendl ca. 30 Min. garen.
5. Zwiebeln, Möhren und Petersilienwurzeln schälen. Den Lauch und den Staudensellerie putzen und waschen. Tomaten ebenfalls waschen. Alles in grobe Stücke schneiden.
6. Das Hendl aus dem Rohr holen, aus der Form nehmen, Gemüse und Kräuterzweige hineingeben, das Hendl wieder obenauf setzen und im Ofen weitere 45–60 Min. garen.

Malakoff-Torte

Für 1 Torte (22 cm Ø, 10 Portionen):
Zubereitungszeit: ca. 60 Min. + ca. 12 Min. Backzeit + ca. 3 Std. Kühlzeit

Für den Mürbteig:
200 g Mehl
100 g Butter
50 g Puderzucker

Für die Mokkacreme:
je 250 ml Milch und Sahne
70 ml starker Espresso
100 g Zucker
1 Pck. Vanillepuddingpulver
250 g weiche zimmerwarme Butter
2–3 EL Kaffeelikör

Außerdem:
40–45 kleine Biskotten (am besten selbst gemacht, siehe Seite 25)
50 ml Rum
2–3 EL Milch
2 EL Zucker
75 g Zartbitterschokolade (70 %)
250 g Sahne
100 g geröstete Mandelblättchen

1. Die Zutaten für den Mürbteig in einer Schüssel mit 1–2 EL kaltem Wasser mit den Händen rasch verkneten. Den Teig in Folie wickeln und ca. 30 Min. kühl stellen.
2. Den Backofen auf 200° (Ober-/Unterhitze) vorheizen. Mürbteig ca. 5 mm dünn ausrollen, mit einem Tortenring einen Kreis ausstechen. Auf einem mit Backpapier ausgelegten Blech im Ofen ca. 12 Min. backen. Auskühlen lassen.
3. Für die Mokkacreme Milch, Sahne, Espresso, Zucker und Puddingpulver in einem Topf glatt rühren. Unter ständigem Rühren zum Kochen bringen und weiterrühren, bis ein dicker Pudding entsteht. In eine Schüssel umfüllen und mit Frischhaltefolie abgedeckt abkühlen lassen.
4. Die weiche Butter mit dem Handrührgerät ca. 5 Min. cremig weiß aufschlagen. Den abgekühlten Pudding nach und nach unterrühren. Danach den Kaffeelikör zugeben.
5. Rum, Milch und Zucker verrühren. Einen Tortenring um den Mürbteigboden setzen und die Buttercreme mit insges. 30–35 Biskotten im Wechsel in die Form schichten. Dabei die Biskotten jeweils mit ein wenig Rummischung beträufeln. Die Torte abgedeckt ca. 3 Std. kühl stellen.
6. Die Schokolade hacken und über einem heißen Wasserbad schmelzen. Restliche Biskotten bis zur Hälfte schräg eintauchen, abtropfen und auf Backpapier fest werden lassen.
7. Den Tortenring entfernen. Die Sahne steif schlagen und die Torte damit rundum glatt einstreichen. Geröstete Mandeln an den Rand drücken. Restliche Sahne als Tupfen aufspritzen und die Torte mit den Schokobiskotten dekorieren.

Warmes Schokoküchlein

Für 6 Personen
Zubereitungszeit:
ca. 35 Min. +
ca. 20 Min. Backzeit

Für die Vanillesauce:
5 Eigelbe (Größe M)
250 ml Milch
250 g Sahne
50 g Zucker
Mark von 1–2 Vanilleschoten

Für die Soufflés:
70 g fein gemahlene Mandeln
80 g Zartbitterschokolade (70 %)
4 Eier (Größe M)
80 g weiche Butter (+ etwas Butter für die Förmchen)
80 g Zucker (+ etwas Zucker für die Förmchen)
2 TL brauner Rum
Salz

Außerdem:
200 g halbsteif geschlagene Sahne

1. Für die Vanillesauce die Eigelbe in eine große Schüssel geben. Milch mit Sahne, Zucker und Vanillemark aufkochen, dann langsam und unter ständigem Rühren zu den Eigelben gießen. Die Mischung zurück in den Topf geben und bei schwacher bis mittlerer Hitze rühren, bis die Sauce eine leicht dickliche, cremige Konsistenz hat. Durch ein feines Sieb passieren und mit Folie abgedeckt im Kühlschrank kalt stellen.
2. Für die Soufflés die Mandeln in einer Pfanne ohne Fett anrösten, herausnehmen und abkühlen lassen. Schokolade hacken und über einem heißen Wasserbad schmelzen.
3. Die Förmchen sorgfältig einfetten und mit Zucker ausstreuen. Den Backofen auf 200° (Ober-/Unterhitze) vorheizen. Auf die unterste Schiene ein tiefes Backblech schieben und ca. 2 cm hoch mit heißem Wasser füllen.
4. Die Eier trennen. In einer Rührschüssel die Butter mit 50 g Zucker schaumig schlagen. Nach und nach die Eigelbe unterrühren. Die flüssige Schokolade und den Rum ebenfalls hinzufügen und unterrühren. Die Eiweiße mit 1 Prise Salz zu steifem Schnee schlagen, dabei nach und nach den restlichen Zucker einrieseln lassen. Den Eischnee und die Mandeln behutsam unter die Schokoladenmasse heben.
5. Die Förmchen etwa zu ¾ mit der Schokomasse füllen und in das vorbereitete Blech mit dem Wasser stellen. Die Soufflés im Ofen im heißen Wasserbad 15–20 Min. garen.
6. Vanillesauce auf Teller verteilen. Die Soufflés stürzen und daraufsetzten. Mit halbsteif geschlagener Sahne überziehen und sofort servieren.

Eines der ersten Desserts, die Johann eigenverantwortlich herstellen durfte, war dieser warme Schokoladenkuchen. Die Kunst besteht darin, dass er beim Stürzen nicht in sich zusammenfällt.

LAFER

3.
Wanderjahre

Von Berlin bis nach München

Der neue Chef schickte Johann ein Flugticket nach Berlin und mit genau 500 Mark Startgeld in der Tasche mussten dort zunächst die Formalitäten erledigt werden. Wir erinnern uns, die EU gab es noch nicht und wenn man als Österreicher in Deutschland arbeiten wollte, war ein Visum fällig. Aber auch diese bürokratischen Hürden konnten überwunden werden, ein Zimmer zur Untermiete war auch bald gefunden und endlich hatte die Pâtisserie des »Schweizerhofs« einen neuen Mitarbeiter. Nun war der »Schweizerhof« nicht irgendein Luxushotel. Wer im deutschen Showbusiness Rang und Namen hatte, logierte dort. Kaum eine Berühmtheit, die nicht auf der Gästeliste stand. Und Johann hatte es geschafft: Er gehörte zur Küchenbrigade dieses Promitempels.

In der Abteilung Süßspeisen wurden die Desserts angerichtet, die man so kannte in den Achtzigerjahren des vergangenen Jahrhunderts. Eisschokolade »Batavia« mit Rum oder Orangeneisbecher mit Grand Marnier: Das waren die gängigen Nachspeisen, bitte immer mit reichlich Alkohol. In der Küche herrschte gepflegte Langeweile vor. Aber das änderte sich, als nur drei Monate nach der Ankunft des Neulings der Chefpâtissier seinen Job kündigte und Johann dessen Aufgaben übernahm. Nun konnte er endlich kreativ werden und seine eigenen Dessertvariationen entwerfen, auch wieder mit viel Alkohol – und mit beachtlichem Erfolg. Aus einem Schokoladenpudding beispielsweise wurde ein Schokoladensoufflé mit einer Sabayon aus Portwein. Nach heutigen Maßstäben nichts Besonderes, aber damals eine echte kulinarische Neuigkeit.

Im Gegensatz zum Brauhaus Gösser in Graz war das Verhältnis zu den Kollegen in Berlin ausgezeichnet. Und das hatte einen besonderen Grund: Als Chefpâtissier war Johann auch für die Verwaltung der diversen alkoholischen Getränke zuständig. Und er nutzte die Reste, die sich Abend für Abend in den Flaschen ansammelten, um die Kollegen am nächsten Morgen mit einem selbst gemachten Cocktail auf die Arbeit einzustimmen. Die Laune war verständlicherweise prima und man feierte den spendablen Kollegen – bis dem Wirtschaftsdirektor des Hotels eines Tages auffiel, dass der Alkoholbedarf exorbitant angestiegen war. Johann mobilisierte alle seine Überredungskünste, um den hohen Bedarf zu erklären, und war in Zukunft ein bisschen vorsichtiger.

Privat waren die kulinarischen Genüsse weitaus weniger aufwendig. Das Gehalt des jungen Kochs reichte gerade mal zum Leben. Besonderer Luxus war da nicht drin. Doch Johann entdeckte am Berliner Kurfürstendamm eines der neuen Fast-Food-Restaurants und war fortan Stammgast im »Burger King«. Alternativ gab es noch den Italiener an der Ecke. Ein bisschen Pasta und halbtrockener Lambrusco aus der Zwei-Liter-Korbflasche waren dort zwar das höchste der Gefühle, aber sie stillten immerhin Hunger und Durst.

Ich kann Johann rückblickend gut verstehen, denn bei mir war es nicht viel anders. Ich studierte in den 1970er-Jahren in Köln, wo auf der Hohen Straße damals eines der ersten McDonald's Burgerrestaurants eröffnete. Ich erinnere mich an lange Schlangen auf der

Straße. Alle wollten die hippen neuen Gerichte ausprobieren. Auch ich habe mich lange davon ernährt. Für mehr auf dem Speiseplan reichte mein ständig leerer Geldbeutel in dieser Zeit nicht.

Ein besonderes Ereignis in Berlin wirkt in Johanns Erinnerung bis heute nach: Das Hotel bekam den Auftrag, ein großes Event zur weltweiten Einführung eines neuen Parfums auszurichten: »Amarige« von Elizabeth Arden. Johann wurde beauftragt, Torten in Form des Parfumflacons herzustellen. Keine einfache Aufgabe für einen gerade mal 20-jährigen Jungkoch aus der Steiermark, der noch nie ein solches Produkt gesehen, geschweige denn in der Hand gehalten hatte. Aber nun zahlte sich erneut die großzügige morgendliche Cocktailrunde aus. Die Kollegen halfen ihm und gemeinsam wurde auch diese Hürde überwunden.

Auf in den hohen Norden

Nach 18 Monaten zog es Johann aber zur nächsten Station. Der »Schweizerhof« war zwar eine wichtige Etappe, um sich freizuschwimmen, zu lernen, Buffets für mehrere Hundert Gäste auszurichten und seine kulinarischen Möglichkeiten weiterzuentwickeln. Aber nun mussten neue Herausforderungen her. Vor allem musste sich Johann von der Pâtisserie an die »normale« Küche wagen.

Die Anzahl der Spitzenrestaurants in Deutschland war damals noch überschaubar, aber es gab viele neue Ansätze, wenn auch nicht vergleichbar mit der Vielfalt und Kreativität in der Kochkunst, die wir heute in Deutschland erleben. Eines der besten hiesigen Restaurants war das »Landhaus Scherrer« in Hamburg. Und genau dort wurde ein weiterer Koch gesucht. Gesagt, getan, die Bewerbung war raus und wurde angenommen. Auf in den hohen Norden Deutschlands! Dort allerdings hatte man es sich inzwischen anders überlegt, leider aber vergessen, dies dem Bewerber mitzuteilen. Für Johann, der extra nach Hamburg geflogen war, ein Schock.

Zum Glück hatte ein anderer Erbarmen. Josef Viehhauser hatte gerade sein Restaurant »Le Canard« eröffnet und konnte dort gut Verstärkung gebrauchen. Noch dazu war Viehhauser selbst Österreicher, das musste ja klappen mit den beiden Landsleuten.

Hamburg gilt für viele Menschen als die Stadt am Meer. Ein Paradies für alle, die Fisch und Meerestiere mögen. Eine Vielzahl von guten Fischrestaurants sprechen hier eine besondere Sprache. Wen kümmert es da, dass Hamburg gar nicht am Meer liegt. Die Elbe hinab sind es etwa 100 Kilometer bis dorthin. Man ist sehr viel schneller an der Ostsee als in Cuxhaven.

Nun also kam ein Österreicher mit ausgewiesenem Faible für Süßspeisen in eine Stadt, die völlig andere kulinarische Vorlieben hat. Doch Austern, Hummer, Loup de Mer: Das waren Begriffe, die Johann damals gerade mal aus dem Lehrbuch kannte. Gesehen hatte er sie jedoch noch nie, geschweige denn selbst damit gearbeitet.

ES GING UM TOPF UND KRAGEN: ***Johannes Lafer vom „Schweizerhof" wurde bei den Weißmützen Sieger.***
Foto: Binder

„Hoch die Tassen und die Töpfe" hieß es gestern beim „Kempinski". | Longdrink-Gläsern — in denen sich allerdings nur grasgrün gefärbtes | lauf" überließ Jubiläums-Hausherr Rudolf W. Münster den Konkurren-

Bei einem Wettlauf der Köche und Kellner zum Jubiläum des Kempinski Hotel Bristol in Berlin siegte Johann Lafer für den »Schweizerhof«.

Die gesamte Speisekarte des »Le Canard« mit ihren ersten Ansätzen der damals angesagten Nouvelle Cuisine waren für ihn böhmische Dörfer. Für den jungen Koch eröffneten sich völlig neue Welten, aber auch die Herausforderung, sich diesen zu stellen, jenseits dessen, was er gelernt hatte. Und so endete die neue Karriere nach wenigen Tagen auch schon fast wieder, ehe sie überhaupt richtig begonnen hatte.

Klaus Besser war damals einer der wichtigsten Restaurantkritiker Deutschlands. Sein Urteil konnte Erfolg und Misserfolg eines Restaurants maßgeblich bestimmen. Und ausgerechnet an dem Tag, an dem Besser am frühen Mittag im »Le Canard« aufkreuzte, war nur Johann in der Küche – und er machte so ziemlich alles falsch, was man nur falsch machen konnte. Er hatte schlichtweg noch keine Ahnung, wie ein Spitzenrestaurant läuft. Die Quittung kam alsbald: Besser schrieb eine vernichtende Kritik über das »Le Canard«. Viehhauser tobte, aber vielleicht hat die österreichische Landsmannschaft geholfen. Er warf Johann nicht hinaus, sondern gab ihm eine zweite Chance – und die nutzte der junge Koch. Nicht auszudenken, welchen Weg Johanns Karriere genommen hätte, wenn Viehhauser ihn vor die Tür gesetzt hätte. Aber Qualität und der unbändige Wille, besser zu sein als andere, setzten sich durch. Allerdings muss man fairerweise noch dazu sagen, dass seine Freundin Elke ihn damals seelisch und moralisch unterstützt hat. Sie hat ihn ständig ermuntert weiterzumachen, zu kämpfen und auch nach dieser harten Kritik nicht aufzugeben.

Schweizer Stuben

In Hamburg hatte Johann einiges gelernt und es gab dort für ihn nicht mehr viel zu holen, zumal Josef Viehhauser kein einfacher Chef war. Aber zumindest hatte er Johann die Tür geöffnet und ihm die Chance gegeben, eigene Ideen einzubringen.

Johann entschied sich, zu seinen kulinarischen Wurzeln zurückzukehren und sich wieder den Süßspeisen zuzuwenden, und wurde Chefpâtissier mit einer eigenen Dessertkarte in den »Schweizer Stuben« in Wertheim-Bettingen, einem der besten Restaurants der Republik. »Johann Lafer empfiehlt«: Damit war er in der Spitze der Gastronomie angekommen. Hier gab es keine Grenzen und er konnte sich mit neuen Kreationen so richtig ausleben. Vieles ist inzwischen Standard, zum Beispiel der Saucenspiegel aus verschiedenen Fruchtsaucen, auf dem dann die Desserts angerichtet werden. Leider kam Johann nicht auf den Gedanken, sich diese Idee schützen zu lassen, und daher werden heute auf der ganzen Welt Desserts nach Art des Johann Lafer serviert.

Eines Abends kam der Oberkellner in die Küche und bat Johann an den Tisch von Adalbert Schmitt, dem Besitzer der »Schweizer Stuben«. Dessen Gäste waren voll des Lobes über Johanns Kochkünste und Schmitt wollte sich vor seinen Gästen gerne erkenntlich zeigen. Er orderte den besten Cognac, den das Haus zu bieten hatte. Der Kellner erschien mit der edlen Karaffe und zelebrierte das Einschenken in einen der damals üblichen großen bauchigen Cognacschwenker. Die Flüssigkeit lief goldgelb ins Glas, der Kellner verharrte noch einen Augenblick, damit das Glas samt Inhalt auch richtig zur Geltung kam. Und was machte Johann? Er schnappte sich den Kelch und kippte in einem Zug 130 Mark runter. Das Entsetzen war Chef und Gästen ins Gesicht geschrieben. Johann dagegen verschwand arglos wieder in seine Küche und dachte sich nichts dabei. In seinem Heimatort wurde Schnaps halt immer »auf ex« getrunken. Doch jetzt hatte er nicht nur sich, sondern auch seinen Chef ziemlich blamiert. Seine Fähigkeiten als Pâtissier aber waren bald über Wertheim-Bettingen hinaus bekannt.

Adalbert Schmitt reiste um die halbe Welt, um immer neue regionale Spezialitäten einzukaufen, und motivierte seine Köche, sie in die Karte einzubauen. Die beiden Küchenchefs, Jörg und Dieter

Johann blieb zwar nur eineinhalb Jahre im »Aubergine«, doch den Kontakt zu Eckart Witzigmann hat er nie verloren. Bis heute sind die beiden freundschaftlich verbunden.

Müller, vermochten dies kongenial umzusetzen. Allerdings gilt auch hier wie überall: Alles muss einen wirtschaftlichen Sinn ergeben. Dieser Grundsatz wurde in Wertheim-Bettingen leider außer Acht gelassen und so mussten die »Schweizer Stuben« 2002 Insolvenz anmelden. Aber da war Johann schon lange nicht mehr dort.

Sein damaliger Chef, Jörg Müller, erinnert sich: »Dessertkreationen, Pralinen, Kleingebäck und Brötchen vom Feinsten. Doch dazwischen ging auch mal eine Pizza in den Ofen, das war nicht so ganz seine Welt. Doch schon damals hat er gelernt, dass es auch in der Gourmetszene mehrere Spielklassen gibt. Vielleicht wäre aus ihm ein recht guter Fußballer geworden, denn außer Kochen gab es damals nur Fußball für ihn. Zum Glück kam es anders.«

Zwischenstation beim Jahrhundertkoch

Warum bei der Nummer zwei bleiben, wenn es auch bei der Nummer eins geht? Und die Nummer eins in Deutschland war damals eindeutig das »Aubergine« in München, der Guide Michelin hatte Eckart Witzigmann inzwischen den dritten Stern verliehen. Grund genug für Johann, in einer Geheimoperation eine Bewerbung nach München zu schicken. Hätte in den »Schweizer Stuben« jemand davon erfahren, wäre das einem Affront gleichgekommen und er wäre sofort seinen Job losgeworden.

Aber er konnte auch so seine Kochmesser einpacken, denn Eckart Witzigmann stellte ihn ein. Als Chefpâtissier war er wieder zuständig für die Süßspeisen. Überflüssig zu sagen, dass Witzigmann ebenfalls Österreicher ist, die landsmannschaftlichen Bande hatten also erneut funktioniert.

Einmal war in der »Aubergine« eine Delegation österreichischer Gastronomen mit 60 Personen zu Gast. Witzigmann wollte unbedingt eine original Sachertorte anbieten und bestand darauf, dass diese Torte nach seinem eigenen Geheimrezept hergestellt wurde.

Gesagt, getan, die Torte wurde in den Ofen geschoben – und gelang nicht. Auch der nächste Versuch misslang, da half alles nichts. Johann beschloss, die Sachertorte so zu backen, wie er es gelernt hatte. Ohne Geheimrezept. Und siehe da, die Torte sah aus, wie sie aussehen musste, und vor allem schmeckte sie auch. Anschließend bedankten sich die Gastronomen für die beste Sachertorte ihres Lebens. Der rustikale Spruch »Alle Köche sind beschissen, die sich nicht zu helfen wissen« hatte hier seine Berechtigung. Das Rezept der Sachertorte auf Seite 72 funktioniert garantiert.

Die Zeit in München und die Zusammenarbeit mit Witzigmann war wohl die prägendste in Johanns Sturm- und Drangzeit. Der Chef verlangte viel, war aber immer fair, und so entwickelte sich zwischen Patron und Angestelltem eine bis heute andauernde freundschaftliche Beziehung. Elke dagegen war bald Geschichte, woran jedoch nicht nur die intensive Beschäftigung mit dem Beruf und die langen Arbeitszeiten schuld waren. Elke hatte selbst anderweitig Abwechslung gefunden. Man trennte sich.

In München wurde Johann schmerzhaft bewusst, dass man Beruf und Privatleben eben doch nicht unbedingt trennen kann. Nach der Trennung von Elke lebte er eine Zeit lang » à la carte«: Die Partnerinnen kamen und gingen. Für einen Menschen wie Johann ein unerträglicher Zustand, der auch Eckart Witzigmann und dessen Frau Monika nicht verborgen blieb, noch dazu, weil die Kreativität seiner Dessertvariationen nachließ. Er war einfach zu sehr mit dem Privaten beschäftigt. Aber hier zeigt sich dann auch wieder ein guter Chef, einer, der die Sorgen und Nöte seiner Mitarbeiter ernst nimmt und sie mit vereinten Kräften wieder in die richtige Spur bringt.

Eckart Witzigmann schrieb ihm ins Stammbuch: »Johann Lafer war mir von Anfang an sympathisch. Neben seinem beruflichen Geschick, seiner Kreativität, die ihm dank der ›Schweizer Stuben‹ schon damals vorauseilten, qualifizierte er sich letzten Endes durch seine österreichische Staatsbürgerschaft und Liebe zum Sport, insbesondere zum Fußball. Am Ende dieses Vorstellungsgespräches war mir klar: Der Johann Lafer ist mein Mann. Fortan hielt er als Tormann unserer Restaurantmannschaft, dem ›FC Aubergine‹, den Kasten sauber und erspielte sich so seine Wunschposition als Chefpâtissier. Es war mir eine Freude, Johann Lafer bei der Arbeit zuzusehen. Er war immer konzentriert, ohne dabei verkrampft zu sein. Stets hatte er größten Respekt vor der Ware. Sicherlich haben Johanns Desserkreationen kräftig zum weltweiten Ruhm des ›Aubergine‹ beigetragen, dementsprechend traurig war ich natürlich, als diese Ära in München zu Ende ging, denn Johann Lafer war mir damals ans Herz gewachsen und er ist mir noch heute ein hochgeschätzter Freund. Ich muss immer an ihn denken, wenn ich auf mein grünes Puch-Rennrad steige, das mir der Johann von seiner Tante verbilligt organisiert hat.«

Hohe französische Schule

Anderthalb Jahre arbeitete Johann bei Eckart Witzigmann, über den die New York Times schrieb: »Koch der Könige und Götter«. Es waren anderthalb Jahre Höchstleistung, die natürlich ihren Tribut forderten. Hätte es den Begriff »Burn-out« damals schon gegeben, er wäre sicherlich angebracht gewesen. Es war Zeit für Veränderung.

Johann hatte gerade seinen 25. Geburtstag gefeiert und wollte endlich sein eigener Chef sein. Aber wie und wo? Wieder einmal kam der Zufall zu Hilfe. Johann hatte gehört, dass im Berliner Luxuskaufhaus »KaDeWe« eine neue Gourmetetage mit Spitzengastronomie errichtet werden sollte. Er bewarb sich für die Pâtisserie und wurde prompt genommen. Nur, ganz so einfach war das alles nicht. Ein Restaurant in einem Kaufhaus, unabhängig von den Ladenöffnungszeiten, wie sollte das gehen? Es gab Probleme über Probleme und die Eröffnung verzögerte sich immer weiter. Das »KaDeWe« hatte jedoch eine sehr enge Beziehung zu dem französischen Spitzenpâtissier Gaston Lenôtre und so lag es nahe, einmal in die französische Küche zu schnuppern, zumal das Restaurant »Le Pré Catelan« in Paris inzwischen mit drei Michelin-Sternen dekoriert worden war. Hätte Johann jedoch gewusst, was ihn in Frankreich erwartete, wäre er wohl nie auf den Gedanken gekommen, sich bei Lenôtre zu bewerben.

Die Missachtung, die ihm in Paris entgegenschlug, war unverhohlen und so musste er, der in Deutschland immerhin Pâtissier des Jahres geworden war, wieder ganz unten anfangen. Kartoffeln schälen, Gemüse putzen: Dinge, die normalerweise die Lehrlinge übernahmen, bestimmten nun seinen Berufsalltag. Aber wer Johann kennt, weiß, dass er sich nicht unterkriegen lässt, ganz im Gegenteil. Niederlagen spornen ihn nur noch mehr an.

Es gab viel zu überwinden, von fehlenden französischen Sprachkenntnissen bis zur fehlenden Akzeptanz in der Küche. Aber Johann gab nicht auf und nach einiger Zeit mit enormem Arbeitseinsatz fand man den Deutschen aus Österreich gar nicht mehr so schlecht und nach und nach akzeptierte man ihn sogar immer mehr.

Etwa 60 Kilometer außerhalb von Paris gab es neben dem Restaurant noch einen Produktionsbetrieb. Lenôtre war eine weltbekannte Marke und er lieferte seine Produkte in die besten Häuser Europas. Abseits der Stadt fehlte das exotische Pariser Flair und es gab kein Lustwandeln durch den Bois de Boulogne nach Feierabend. Nein, hier waren alle Arbeitsabläufe streng reglementiert. »Kein Handgriff zu viel« lautete das Motto und alles unterlag dem Regiment der Rationalisierung. Kreativität stand nicht an erster Stelle, alles war streng geregelt. Aber wie man einen Betrieb wirtschaftlich erfolgreich führt, diese unschätzbare Erfahrung konnte Johann hier mitnehmen und viele Abläufe später in seinen eigenen Betrieb einfließen lassen. Und noch etwas lernte er bei Lenôtre: Mittags und abends aß die gesamte Belegschaft in einem eigenen Casino und es wurden feinste Speisen aufgetragen. Lenôtre war der Meinung: »Nur wer erstklassig gegessen hat, kann auch erstklassig arbeiten.«

Mit der Zeit hatte sich ein freundschaftliches Verhältnis zu Gaston Lenôtre entwickelt, das bis zu dessen Tod 2009 andauerte. Der Mâitre erinnerte sich gerne: »Ich bin sehr glücklich, dass ich Herrn Johann Lafer in meinem Restaurant ›Pré Catelan‹ in Paris kennenlernen durfte. Seine späteren Erfolge im ›Val d'Or‹ habe ich natürlich mit großem Interesse verfolgt. Johann ist einer der besten Köche der Welt und außerdem der vollkommenste, weil er Pâtissier, Chocolatier, Glacier und ein ausgezeichneter Koch in einer Person ist. Er ist der große Künstler seiner Generation. Besonders schätze ich an ihm, dass er ein liebenswerter und talentierter Mensch geblieben ist. Er weiß sein Wissen und besonders seine Leidenschaft zu vermitteln und zeigt somit, wie schön unser Beruf ist. Besonders wenn er von einem solchen Meister wie Johann ausgeübt wird. Dein Freund fürs Leben, Gaston Lenôtre.« Mehr Lob aus wirklich berufenem Munde geht wohl kaum.

Die Zeit in Paris ging zu Ende, doch im »KaDeWe« in Berlin war in der Zwischenzeit nicht viel passiert, die Eröffnung des Gourmetrestaurants »Silberterrasse« immer noch nicht terminiert. Wieder war Johann zur Tatenlosigkeit verdammt. Nichts für ihn. Doch er hatte in den letzten Jahren als Pâtissier gearbeitet, wer sollte ihn als Chef einstellen? Konnte er überhaupt noch etwas anderes? Trotzdem kündigte er im »KaDeWe«, um seinen eigenen Weg zu gehen.

Eine Anzeige in einer Gastronomiezeitung sollte helfen, den richtigen Job zu finden. »Suche den Patron, bei dem ich meine angelernten Fähigkeiten und Kenntnisse nach Lehrjahren bei Josef Viehhauser, Jörg und Dieter Müller, bei Eckart Witzigmann und Gaston Lenôtre verwirklichen kann«, inserierte Johann. Tatsächlich gab es daraufhin einige Angebote, aber es sollte ganz anders kommen. Der unerwartete Anruf einer Journalistin und ihr Tipp, es sei eine interessante Stelle bei Bingen am Rhein zu vergeben, sollte Johanns Leben komplett verändern und in eine völlig andere Bahn lenken als geplant.

Perlhuhnessenz mit Trüffel unter der Blätterteighaube

Für 4 Personen
Zubereitungszeit:
ca. 40 Min. +
ca. 4 Std. Kochzeit +
ca. 4 Std. Abkühlzeit +
ca. 20 Min. Backzeit

Für die Essenz:
500 g Wurzelgemüse (Lauch, Möhren, Sellerie, Zwiebeln)
1 Perlhuhn
1 EL Tomatenmark
1 Knoblauchzehe
5 Wacholderbeeren
3 Eiweiße (Größe M)
3–4 Nelken
2 TL schwarze Pfefferkörner (zerstoßen)
je 1–2 Zweige Thymian, Majoran und Rosmarin
2 Lorbeerblätter, Salz

Außerdem:
50 g frischer schwarzer Wintertrüffel (ersatzweise Trüffel aus dem Glas)
1 EL Trüffelöl
250 g Blätterteig (aus dem Kühlregal)
1 Eigelb (Größe M)

1. Das Wurzelgemüse schälen bzw. putzen und waschen und in kleine Würfel schneiden.
2. Beim Perlhuhn Brüste und Keulenfleisch vom Knochen lösen. Knochen bzw. Karkassen sowie die Haut zerkleinern und mit Tomatenmark und ca. 150 g gewürfeltem Wurzelgemüse in einem Topf goldbraun rösten. Wasser angießen, bis die Knochen gerade bedeckt sind, und ca. 3 Std. leise köcheln lassen. Brühe abseihen und vollständig erkalten lassen.
3. Keulenfleisch und restliches Gemüse durch den Fleischwolf drehen. Knoblauch und Wacholder andrücken und in einer Schüssel mit dem Fleisch-Gemüse-Mix, den Eiweißen, Gewürzen, abgezupften Kräutern und Lorbeer vermengen. Mit der kalten Brühe unter vorsichtigem Rühren langsam aufkochen, dann ca. 45 Min. bei milder Hitze ziehen lassen (nicht mehr rühren). Die Essenz durch ein sauberes Tuch abgießen, mit Salz abschmecken und erkalten lassen.
4. Perlhuhnbrüste würfeln, Trüffel in Scheiben schneiden. Beides in Trüffelöl 2–3 Min. anschwitzen. Aus Blätterteig 4 Kreise ausstechen (Ø ca. 2 cm größer als die Tassen).
5. Den Backofen auf 220° (Ober-/Unterhitze) vorheizen. Die kalte Essenz mit dem Trüffel-Perlhuhn-Mix in vier Tassen verteilen. Tassenrand mit verquirltem Eigelb bestreichen, je 1 Teigkreis auflegen und gut andrücken. Mit verquirltem Ei bestreichen, die Tassen auf ein Backblech stellen und für ca. 20 Min. in den Ofen (unterste Schiene) schieben.

Entenleberflan mit Feldsalat und gebratenen Apfelspalten

Für 6 Personen
Zubereitungszeit:
ca. 45 Min.
+ ca. 75 Min. Kochzeit
+ ca. 4 Std. Kühlzeit

Für den Flan:
150 ml Milch
250 g Sahne
150 g rohe Entenleber (küchenfertig)
4 Eier (Größe M)
Salz, Pfeffer, Zucker
Butter für die Förmchen

Außerdem:
2–3 rotschalige Äpfel
100 g Feldsalat
2 EL Apfelessig
1–2 TL Quittengelee
1 TL Senf
2–3 EL heiße Geflügelbrühe
3–4 EL Walnussöl
Salz, Pfeffer
50 g Butter
40 g Walnusskerne
1–2 TL Zucker

1. Die Milch mit der Sahne erwärmen und dann mit der Entenleber sehr fein pürieren. Die Mischung durch ein Haarsieb streichen. Die Eier gründlich unterrühren und alles mit Salz, Pfeffer und 1 Prise Zucker abschmecken.
2. Den Backofen auf 80° (Ober-/Unterhitze) vorheizen. Auf die unterste Schiene ein tiefes Backblech schieben und ca. 2 cm hoch mit heißem Wasser füllen. Die Lebermasse in gebutterte Porzellanförmchen (ca. 6 cm Ø) füllen und im Ofen ca. 75 Min. im heißen Wasserbad pochieren. Danach ca. 4 Std. kalt stellen.
3. Inzwischen die Äpfel waschen, vierteln, das Kerngehäuse entfernen und die Viertel nochmals halbieren. Den Feldsalat gründlich waschen und trocken schleudern.
4. Den Essig in eine große Schüssel geben, Quittengelee, Senf, heiße Brühe und Öl zufügen und alles kräftig miteinander verquirlen. Mit Salz und Pfeffer würzig abschmecken, dann den Feldsalat locker untermischen.
5. Die Apfelspalten mit der Butter und den Walnusskernen in eine breite Pfanne geben und 3–4 Min. braten. Dabei mit Zucker bestreuen und leicht karamellisieren lassen.
6. Die Entenleberflans mit einem kleinen Messer vom Rand der Förmchen lösen und auf Teller stürzen. Feldsalat, gebratene Apfelspalten und Walnusskerne rundum anrichten.

Im Hambuger »Le Canard« erinnerte sich Johann an die Esterhazy-Torte aus seiner Lehrzeit und begann das Muster auf der Torte für neue Präsentationen als Vorbild zu nehmen. Er experimentierte mit verschiedenen Zutaten und läutete damit eine neue Form der Dessertpräsentation ein.

Original Esterhazy-Torte

Für eine Torte (ca. 20 cm Ø, 8 Portionen)
Zubereitungszeit:
ca. 60 Min. +
ca. 30 Min. Backzeit +
ca. 1 Std. Kühlzeit

Für die Baiserböden:
8 Eiweiße (Größe M)
Salz
250 g Zucker
250 g gemahlene Haselnüsse

Für die Buttercreme:
200 ml Milch
200 g Sahne
2 Eigelbe (Größe M)
20 g Speisestärke
Mark von 1 Vanilleschote
100 g Zucker
250 g weiche zimmerwarme Butter
20 ml Kirschwasser

Außerdem:
250 g Puderzucker
1–2 TL Kakaopulver
100 g geröstete Mandelblättchen

1. Für die Böden die Eiweiße mit 1 Prise Salz steif schlagen. Dabei den Zucker einrieseln lassen. Die Haselnüsse unterheben und die Masse dann in 6 Portionen aufteilen.
2. Den Backofen auf 200° (Ober-/Unterhitze) vorheizen. Ein Backblech mit Backpapier belegen und 2 Kreise daraufzeichnen (ca. 20 cm Ø). Darauf je 1/6 des Teiges zu einem gleichmäßig flachen Boden verstreichen und im Ofen (Mitte) 8–10 Min. goldbraun backen. Auf einem Kuchengitter abkühlen lassen. Das Blech erneut mit Backpapier belegen und auf die gleiche Weise weitere 4 Böden backen.
3. Für die Buttercreme Milch mit Sahne, Eigelben, Speisestärke und Vanillemark glatt rühren und unter Rühren zum Kochen bringen. Weiterrühren, bis ein dicker Pudding entsteht. In einer Schüssel mit Folie abgedeckt abkühlen lassen.
4. Die weiche Butter ca. 5 Min. cremig weiß aufschlagen. Den abgekühlten Pudding nach und nach unterrühren, dann portionsweise das Kirschwasser zugeben. Die Buttercreme gleichmäßig dünn auf die Baiserböden streichen und diese zu einer Torte zusammensetzen. Ca. 1 Std. kalt stellen.
5. Für den Guss den Puderzucker mit 3–4 EL heißem Wasser glatt rühren. 2–3 EL abnehmen, mit Kakao glatt rühren und in eine kleine Papierspritztüte füllen. Den weißen Guss zügig auf der Torte verstreichen, mit dem dunklen Guss eine Spirale aufspritzen und sofort mit einem Stäbchen Streifen von innen nach außen und von außen nach innen ziehen. Den Tortenrand mit dem restlichen Guss einstreichen und die gerösteten Mandelblättchen andrücken.

Mousse au chocolat auf Saucenspiegel

Für 6–8 Personen
Zubereitungszeit:
ca. 40 Min. +
ca. 3 Std. Kühlzeit

Für die Mousse:
125 g Sahne
200 g Zartbitterschokolade (70 %)
5 Eier (Größe M)
Salz
150 g Zucker

Für den Sauce:
4 Eigelbe (Größe M)
150 ml Milch
150 g Sahne
50 g Zucker
Mark von 1 Vanilleschote
100 g Himbeermark

1. Die Sahne steif schlagen. Schokolade klein hacken und in einer Schüssel über einem heißen Wasserbad schmelzen.
2. Die Eier trennen. Eiweiße mit 1 Prise Salz zu steifem Schnee schlagen. Dabei langsam 100 g Zucker einrieseln lassen. Eigelbe mit dem restlichen Zucker sowie 2 EL Wasser über einem heißen Wasserbad schaumig-steif schlagen.
3. Die Schüssel vom Wasserbad nehmen und zügig die flüssige Schokolade unterrühren. Erst die geschlagene Sahne unter die Schokocreme heben, dann sofort den Eischnee unterheben. Die Mousse in eine Schüssel umfüllen, glatt streichen und zugedeckt ca. 3 Std. kalt stellen.
4. Für die Vanillesauce die Eigelbe in eine große Schüssel geben. Milch mit Sahne, Zucker und Vanillemark aufkochen, dann langsam und unter ständigem Rühren zu den Eigelben in die Schüssel gießen. Die Mischung zurück in den Topf geben und bei schwacher bis mittlerer Hitze rühren, bis die Sauce eine leicht dickliche, cremige Konsistenz hat. Durch ein feines Sieb passieren und mit Folie abgedeckt im Kühlschrank vollständig auskühlen lassen.
5. Einen Vanillesaucenspiegel auf die Teller geben. Mit einer kleinen Papierspritztüte oder Spritzflasche jeweils etwas Himbeermark spiralförmig aufspritzen. Mit einem Stäbchen oder Löffelstiel von innen nach außen und von außen nach innen Streifen durch die Sauce ziehen. Nocken aus der Mousse stechen und auf den Saucenspiegel setzen.

Johanns Dessertpräsentation war eine wirkliche Revolution. Er malte das Muster der Esterhazy-Torte aus Vanille- und Fruchtsaucen direkt auf den Teller und richtete dann die Mousse darauf an.

Im Münchner »Aubergine« konnte Johann seine Fantasie wieder voll einbringen. Eines der ersten neuen Desserts auf der Karte war die Erdbeerrosette mit Rhabarberschaum. Es wurde der Renner, die Gäste waren begeistert.

Erdbeerrosette mit Rhabarberschaum

Für 4 Personen
Zubereitungszeit:
ca. 45 Min.

300 g Rhabarber
Saft von 2 Zitronen
150 g Zucker
150 ml trockener Weißwein
4 Eigelbe (Größe M)
Zimt
gemahlene Nelken
100 g Sahne
500 g reife schöne mittelgroße Erdbeeren
4 Nocken Vanilleeis
Minze
Puderzucker

1. Den Rhabarber putzen, waschen und in ca. 1 cm breite Stücke schneiden. Zitronensaft, Zucker und Weißwein in einem Topf aufkochen, den Rhabarber zugeben und zugedeckt 2–3 Min. weich dünsten. In ein Sieb abgießen, dabei die Flüssigkeit auffangen.
2. Eigelbe, je 1 Prise Zimt und Nelken sowie 100 ml der aufgefangenen Flüssigkeit in einer Schüssel mit dem Schneebesen verrühren und über einem heißen Wasserbad dickschaumig aufschlagen. Anschließend über einem kalten Wasserbad kalt schlagen.
3. Die Sahne steif schlagen. Erst den abgekühlten Rhabarber, dann die geschlagene Sahne unter den Eischaum heben.
4. Die Erdbeeren waschen, putzen und in dünne Scheiben schneiden. Etwas Rhabarberschaum in die Mitte von flachen Tellern geben und die Erdbeerscheiben rosettenartig darauflegen. Restlichen Rhabarberschaum in der Mitte verteilen und je 1 Nocke Vanilleeis darauf platzieren. Zum Schluss mit Minze garnieren und etwas Puderzucker aufstäuben.

Gaston Lenôtre, einer der berühmtesten Pâtessiers der Welt, hatte sich in Paris ein kleines Imperium aufgebaut und vertrieb seine Produkte weltweit. Ein Stückchen Erdbeertorte kostete bei ihm damals umgerechnet 9 Mark. Eine unvorstellbare Summe für ein bisschen Kuchen, aber Johann wurde klar, dass es möglich ist, gute Produkte auch wertig zu verkaufen. Als Reminiszenz an Lenôtre gibt es hier die Original-Erdbeertorte zum Selbermachen.

Erdbeertorte »Lenôtre«

Für eine Torte (ca. 21 cm Ø, 8 Portionen)
Zubereitungszeit:
ca. 45 Min. +
ca. 30 Min. Backzeit

Für den Biskuit:
75 g weiße Schokolade
50 g Butter
(+ Butter für die Form)
100 g Mehl
1 TL Backpulver
75 g gemahlene Mandeln
3 Eier (Größe M)
100 g Zucker
Salz
2–3 EL Mandellikör

Außerdem:
800 g reife kleine bis mittelgroße Erdbeeren
Saft von ½ Zitrone
100 g Gelierzucker 3:1
200 g Sahne
2 EL Vanillezucker
Mark von 1 Vanilleschote
2–3 EL fein gehackte Pistazien
Zuckerblüten (nach Belieben)

1. Die Schokolade klein hacken und mit der Butter in einer Schüssel über einem heißen Wasserbad schmelzen. Mehl mit Backpulver und gemahlenen Mandeln mischen.
2. Den Backofen auf 180° (Ober-/Unterhitze) vorheizen. Die Eier trennen. Eigelbe mit der Hälfte des Zuckers sowie 2 EL kaltem Wasser ca. 5 Min. schaumig schlagen. Dann die flüssige Schokoladen-Butter-Mischung unterrühren.
3. Eiweiße mit 1 Prise Salz zu steifem Schnee schlagen, dabei den restlichen Zucker einrieseln lassen. Den Eischnee abwechselnd mit dem Mehlmix unter die Schokomasse heben.
4. Den Biskuitteig in eine gebutterte Springform füllen und im Ofen 25–30 Min. backen. Den Biskuit anschließend aus der Form nehmen, auf einem Kuchengitter auskühlen lassen und mit Mandellikör beträufeln.
5. Die Erdbeeren putzen und waschen. ⅓ der Beeren mit Zitronensaft und Gelierzucker fein pürieren, durch ein Sieb in einen Topf streichen und ca. 4 Min. sprudelnd kochen lassen. Die restlichen Erdbeeren mit einer Gabel durch das heiße Gelee ziehen, etwas abtropfen lassen und dicht nebeneinander auf den Biskuit setzen. Dabei einen ca. 2 cm breiten Rand frei lassen.
6. Die Sahne mit Vanillezucker und -mark steif schlagen. In einen Spritzbeutel mit großer Lochtülle umfüllen und einen rosettenartigen Kranz um die Erdbeeren spritzen. Die restliche Sahne auf den Rand geben und möglichst glatt streichen. Die Torte mit gehackten Pistazien bestreuen und nach Belieben mit einigen Zuckerblüten garnieren.

Lafers Sachertorte

Für eine Torte (ca. 20 cm Ø, 8 Portionen)
Zubereitungszeit:
ca. 45 Min. +
ca. 1 Std. Kühlzeit +
ca. 50 Min. Backzeit

Für den Teig:
100 g Zartbitterschokolade (70 %)
5 Eier (Größe M)
Salz
100 g Zucker
100 g weiche Butter
50 g Mehl
50 g gemahlene Mandeln
1 EL Kakaopulver
1 EL Backpulver
4 cl Rum
2 EL Puderzucker
150 g Marillenmarmelade

Für den Überzug:
225 g Zartbitterschokolade (70 %)
150 g Sahne
45 g Butter
100 g Zucker

1. Den Backofen auf 180° (Ober-/Unterhitze) vorheizen. Die Schokolade zerkleinern und in einer Schüssel über einem heißen Wasserbad schmelzen.
2. Die Eier trennen. Eiweiße mit 1 Prise Salz steif schlagen. Dabei die Hälfte des Zuckers einrieseln lassen.
3. Die Butter mit dem restlichen Zucker ca. 5 Min. schaumig schlagen. Erst nach und nach die Eigelbe unterrühren, dann die flüssige Schokolade untermischen. Mehl, Mandeln, Kakao und Backpulver abwechselnd mit dem Eischnee unter die Butter-Ei-Mischung rühren. Den Boden einer Springform mit Backpapier auslegen, den Teig einfüllen und im Ofen ca. 50 Min. backen. Vollständig auskühlen lassen.
4. Den Springformrand lösen und den Kuchen waagerecht halbieren. Rum mit Puderzucker und 2 EL Wasser verrühren und die beiden Böden damit beträufeln. Marillenmarmelade aufkochen. Die Hälfte auf den unteren Boden gießen, glatt streichen und den oberen Boden aufsetzen. Restliche Marmelade über den Kuchen verteilen und dünn verstreichen.
5. Während die Marmelade etwas antrocknet, die Schokolade für den Überzug hacken. Sahne aufkochen, Butter und Schokolade stückweise darin auflösen. Etwas abkühlen lassen.
6. Inzwischen in einem Topf 75 ml Wasser mit dem Zucker aufkochen und die Lösung dann unter die Schokomischung rühren. Wieder leicht abkühlen lassen.
7. Die Schokoladencreme gleichmäßig über den Kuchen gießen und mit einer Palette glatt streichen. Die Sachertorte nochmals mind. 30 Min. kühl stellen.

Wer möchte, kann die Sachertorte vor dem Servieren noch mit etwas Blattgold verzieren.

4.
Guldental und Stromburg

Endlich der eigene Herr

Guldental ist eine kleine Gemeinde mit etwa 2500 Einwohnern in der Nähe von Bad Kreuznach, im Weinbaugebiet des kleinen Flüsschens Nahe. Und genau dort hatte Silvia Buchholz gegen alle Widerstände ein Gourmetrestaurant eröffnet. Die Leute im Ort konnten sich nicht vorstellen, dass irgendjemand von weit her extra den Weg auf sich nehmen könnte, um außergewöhnlich gut zu essen. Und die Bevölkerung in der Region war eher für Hausmannskost zu begeistern. Doch das »Val d'Or«, so hieß Silvias Restaurant, wurde sehr gut angenommen und erhielt innerhalb kurzer Zeit einen Michelin-Stern. Allerdings zog es den französischen Koch bald wieder zurück in seine Heimat und Silvia brauchte dringend Ersatz. Doch woher nehmen, wenn nicht stehlen? Sie hatte von Johann gehört und bat eine befreundete Journalistin, den Kontakt herzustellen. Und so flog Johann also von Berlin nach Frankfurt, um sich mit Silvia Buchholz und ihrem Vater zu treffen.

Vor Ort hatte Johann zunächst einmal einiges zu meckern. Das Geschirr gefiel ihm nicht, es fehlte an der Küchenausstattung und verschiedenes anderes wurde auch noch bemängelt. Silvia war skeptisch, aber ihr Vater, der mit seiner Frau das benachbarte Gasthaus »Kaiserhof« betrieb, hatte ein gutes Gespür und riet ihr, es trotz allem mit Johann als Küchenchef zu versuchen. Schließlich hatte man ein großes Ziel und die Mission lautete: ein zweiter Stern im Guide Michelin. Es gab noch einen anderen Vorteil, denn Guldental war nicht weit entfernt von Mainz und dort war das Fernsehen, das ZDF. »Als Koch im TV groß herauskommen, das wäre es«, dachte er. Aber der Weg dorthin sollte noch lange dauern, ganz anders als nach Guldental. Johann bat sich also ein paar Tage Bedenkzeit aus, fragte immer wieder nach, ob seine Forderungen erfüllt werden könnten, und sagte dann zu.

Nun kam er in eine vollkommen andere Welt. Das Geld saß nicht so locker wie in den Restaurants, in denen er bisher gearbeitet hatte. Alles war viel knapper und nicht jede Idee konnte problemlos umgesetzt werden. Andererseits war Johann gerade mal 25 Jahre alt und hatte hauptsächlich Erfahrungen als Pâtissier gesammelt. Seine Dessertvariationen hatten große Beachtung gefunden, aber mit allen anderen Dingen der Küche musste er sich erst wieder neu befassen und seine Kenntnisse auffrischen, mit Fisch, Fleisch, Gemüse oder Suppen umzugehen.

Am Tag der Arbeit, dem 1. Mai, hatte er seinen ersten Arbeitstag in Guldental – und der endete gleich in einer Katastrophe. Die Chefin, Silvia Buchholz, war mit ihrem Auto liegen geblieben und kam vollkommen verdreckt und matschbeschmiert ins Restaurant. Johann raunzte sie an, dass sie sich so auf gar keinen Fall den Gästen zeigen könne. Aber Silvia blieb souverän: »Wie ich mich den Gästen zeige, ist meine Sache, ich bin die Chefin.« Na ja, von Liebe auf den ersten Blick kann hier wohl kaum gesprochen werden.

Trotz aller Begeisterung machte das Restaurant Probleme, denn die Auslastung war einfach noch zu gering. Da traf es sich, dass Johann mit dem Gourmetmagazin »VIF« vereinbart hatte, eine Fotoreportage über seine Dessertvariationen erst dann zu veröffentlichen, wenn er seine Stelle in Guldental angetreten hätte. Nun war es so weit: Das Magazin veröffentlichte die Reportage und erwähnte darin, dass Johann inzwischen im »Val d'Or« arbeiten würde. Hinzu kamen verschiedene Berichte in diversen Zeitungen. Und siehe da: Plötzlich gehörte das »Val d'Or« zu den begehrten Restaurants im Land und von überallher kamen Restaurantkritiker, um sich anzuschauen, was Silvia und Johann vollbrachten. Aber nicht nur Fachleute, auch Gourmets aus der ganzen Welt nahmen lange Reisen in Kauf, um neue kulinarische Erfahrungen zu sammeln. Das »Val d'Or« gehörte ab sofort auf die Liste der Restaurants, in denen man einmal zu Gast gewesen sein musste.

Endlich der eigene Herr: Mit Silvia und dem damaligen Team des »Val d'Or« im Guldental. 1981 gab es den ersten, 1987 den zweiten Stern.

1987 war es dann so weit: Johann hatte den zweiten Stern erkocht. Aber nun galt es, ihn auch zu behalten! Kein einfaches Unterfangen, denn Geld war immer noch knapp. Das Restaurant warf einfach keinen nennenswerten Gewinn ab und das ließ sich auch kaum ändern.

Silvia und Johann mühten sich redlich, ihr Verhältnis auf rein berufliche Basis zu beschränken, aber es gelang ihnen nicht. Irgendwann entwickelte sich eine Beziehung über die berufliche hinaus und die beiden wurden auch privat ein Paar. Hier zeigte sich wieder einmal, wie Johann tickte. Er wollte sich nichts schenken lassen, sondern beweisen, dass er etwas Eigenes auf die Beine stellen konnte. Er hatte etwas gespart und erklärte, er wolle Silvia die GmbH abkaufen. Obwohl die Eltern argwöhnten, er wolle ihrer Tochter den schwer erkämpften Lebenstraum wegnehmen, setzte sich das Paar durch und so war Johann 1988 stolzer Eigentümer der »Val d'Or GmbH«.

Allerdings fehlte noch eine Kleinigkeit zum großen Glück. Die beiden kamen bestens miteinander aus und lebten auch zusammen, aber es gab noch keinen Trauschein. Und so nahm sich Johann 1990 ein Herz und verkündete, pragmatisch wie er nun mal ist: »Nun sind wir lange genug zusammen, ich glaube, wir könnten jetzt auch heiraten.« Das war sein ganz großes Glück. Denn Johann wusste genau, dass man nur mit so einer wunderbaren Frau solche Erfolge erzielen kann. Des Öfteren sagte er mir, wenn wir uns trafen: Silvia ist die beste Gastgeberin der Welt, und er weiß es auch, dass sie einen Riesenanteil an seinem Erfolg hat und er ihr ganz viel zu verdanken hat.

Umzug auf die Stromburg

Am 6. Juni 1993, zehn Jahre nach Johanns Ankunft in Guldental, das »Val d'Or« existierte unter seiner Leitung bereits fünf Jahre, organisierte Silvia ein riesiges Straßenfest, um dieses Ereignis gebührend zu feiern. Die gesamte Gegend um Guldental war auf den Beinen, eine Bühne war aufgebaut, eine Band spielte, es wurden Reden gehalten.

Nicht unbedingt mit Johanns Zustimmung, er hatte von dem Fest nichts gewusst. Silvia hatte alles alleine organisiert und geheim gehalten. Aber wenn gefeiert wird, sind auch die trüben Gedanken schnell vergessen und die gute Laune gewann wieder die Oberhand.

Das größte Manko jedoch ließ sich nicht von der Hand weisen: Das Restaurant mit seinen gerade mal 30 Plätzen war zu klein, um langfristig auf gesunden wirtschaftlichen Beinen zu stehen. Abermals kam der Zufall zu Hilfe: Die 1056 zum ersten Mal urkundlich erwähnte Stromburg, etwa neun Kilometer von Guldental entfernt, stand zum Verkauf. Sie sollte die neue Heimat des »Val d'Or« werden. Johann konnte nicht ahnen, dass dieses alte Gemäuer für ihn wahrhaft schicksalsträchtig werden würde – im positiven wie im negativen Sinne. Erfolg und Niederlage hatten von nun an einen Namen: Stromburg.

Silvia war hellauf begeistert von den neuen Möglichkeiten, die eine alte Burg mit Hotelbetrieb und Gastronomie, alles auf höchstem Niveau, ihnen bot. Die Immobilie war kernsaniert, die Kosten waren also überschaubar. Die Finanzierung stand, der Vertrag mit der Stadt Stromberg wurde unterschrieben und die Stromburg gehörte fortan den Lafers. Die Freude war groß. Doch dann kam es ganz dicke: Die sogenannte Kernsanierung erwies sich als ungeeignet für einen Hotel- und Restaurantbetrieb. Eigentlich war das alte Gemäuer komplett marode, die Sanierungskosten explodierten und das Projekt stand kurz vor dem Scheitern. Nur durch eine Bürgschaft des Landes Rheinland-Pfalz konnten neue Kredite aufgenommen werden.

Erst Ende November 1994 war es so weit und das neue Domizil konnte endlich seinen Betrieb aufnehmen, obgleich alles noch recht provisorisch war und kurz vor der ersten größeren Veranstaltung am 1. Dezember noch die Baumaterialien weggeschafft werden mussten. Aber es lief dann doch alles glatt und ein großes Unternehmen konnte bei einem australisch geprägten Abend ein gelungenes Fest feiern. Einen Tag später war der DFB mit Franz Beckenbauer und Uwe Seeler zu Gast.

Seit gut 40 Jahren ein erfolgreiches Team – erst nur beruflich, dann auch im privaten Leben. Silvias Anteil an Johanns Erfolg ist enorm und er weiß, dass er der Frau an seiner Seite viel zu verdanken hat.

In dieser Zeit erwartete Silvia ihr erstes Kind. Alle finanziellen und existenziellen Sorgen waren vergessen, als die beiden ihre kleine Jenny im Arm hielten. Die neue Erdenbürgerin brachte das Glück auf die Stromburg zurück, der Betrieb lief besser als erwartet. Opel feierte die Präsentation des »Vectra« fast drei Wochen lang mit täglich 600 Gästen. Gleichzeitig wurde in den Partyzelten ein Fünf-Gänge-Menü für die Zeitschrift »Feinschmecker« serviert. Es war viel los auf der Burg, aber alles lief reibungslos. In dieser Zeit entstand auch die Idee, in der sogenannten Turmstube ein zweites Restaurant mit preiswerter rustikaler und regionaler Küche zu eröffnen. Doch gut gedacht heißt noch lange nicht, dass der Gedanke auch von jedem gutgeheißen wird. Also wurde die rustikale Küche auch hier wieder aufgehoben und neu interpretiert.

1998 kam es dann zum Super-GAU für einen ambitionierten Chef wie Johann Lafer: Das Restaurant verlor seinen zweiten Stern. Die großen Veranstaltungen, der plötzliche Anstieg von einem Restaurant mit 30 Plätzen zu einem gastronomischen Großbetrieb forderte seinen Tribut. Der unglaubliche Beliebtheit der Stromburg mit ihrem vielfältigen Angebot tat das aber keinerlei Abbruch. Ganz im Gegenteil! Viele berühmte Menschen aus Politik, Gesellschaft und Showbusiness gaben sich in der malerischen Burg ein Stelldichein. Gleichzeitig wurde Johann als Fernsehkoch immer populärer.

Jeder, der einmal auf der Stromburg war, genoss das einzigartige historische Ambiente, gepaart mit moderner Kochkunst vom Allerfeinsten. Aber die Situation hatte sich für Johann komplett verändert. Aus dem einst kleinen und beschaulichen Restaurant »Val d'Or« in Guldental war ein großes Unternehmen geworden, das laufen musste. In Spitzenzeiten erwarteten bis zu 80 Mitarbeiter pünktliche Gehaltszahlungen. Das Unternehmen Lafer wuchs aus der Stromburg heraus. Catering wurde angeboten, große Bankette wurden ausgerichtet.

Die Spitzen der Gesellschaft ließen sich gerne von Johann bekochen, darunter auch internationale Politprominenz wie der ehemalige Präsident der Sowjetunion, Michail Gorbatschow.

Ich erinnere mich an einen denkwürdigen Tag im Juni 2007 auf der Insel Mainau am Bodensee. Königin Silvia von Schweden bat zum ersten Mal zu Tisch zu Gunsten ihrer Mentor Stiftung. Die Prominentendichte war enorm, kein Stuhl, der nicht von einer bekannten Persönlichkeit besetzt war. Vicky Leandros war als Showact eingeladen und ich hatte das Vergnügen, durch den Abend zu führen. Natürlich ohne Honorar, denn das Ganze sollte ja einem guten Zweck dienen.

Nach einem schönen und sonnigen Nachmittag auf der Blumeninsel zogen plötzlich dunkle Wolken auf. Am Abend waren die Temperaturen um etliche Grad gesunken und es schüttete wie aus Eimern. Das tat der Stimmung im Saal aber keinen Abbruch. Sie war heiter und man unterhielt sich angeregt. Es war eigens ein Zelt aufgebaut worden, in dem das Galadiner stattfinden sollte. Für das Menü hatte man drei Spitzenköche gewinnen können: Für die Schweiz kochte André Jaeger, für Österreich Christian Gölles und den Hauptgang bereitete für Deutschland Johann Lafer zu. An diesem Abend hat er erneut meine besondere Hochachtung errungen. Man stelle sich vor, ein Festzelt, es ist kalt und nass und drinnen amüsieren sich 350 wichtige Menschen. Eine professionelle Küche war nicht vorhanden, alles musste improvisiert werden. Wie Johann es geschafft hat, das Hauptgericht auf höchstem Niveau und punktgenau zu jedem Gast auf die Tische zu bringen, ist mir bis heute ein Rätsel. Ich glaube, das ist eine der Qualitäten, die einen Koch zu einem Kochkünstler machen.

Nicht nur Königin Silvia wusste zu schätzen, was Johann in der Küche vollbringt. Der damalige Bundesaußenminister Klaus Kinkel etwa engagierte ihn, das Festbankett der UN-Vollversammlung in New York zu organisieren. Eine besondere Aufgabe, die sich mit diversen Nebenveranstaltungen über mehrere Tage hinzog. Die internationalen Staatsgäste, unter ihnen der damalige US-Präsident Bill Clinton, waren voll des Lobes, einige wollten Johann direkt für ihr

Land abwerben. Aber die Stromburg wartete und die Gäste dort wollten auch verköstigt werden.

Dass es mit den Staatsgästen nicht immer so einfach ist, erlebte Johann bei einem Besuch von Michail Gorbatschow auf Einladung des damaligen rheinland-pfälzischen Ministerpräsidenten Kurt Beck. Jede Hausfrau weiß, dass ein Essen nur dann gelingt, wenn es pünktlich und warm auf den Tisch kommt. Dies gilt gleichermaßen für die Sterneküche, nur dass es da manchmal nicht auf die Minute, sondern auf die Sekunde ankommt. Nun halten sich Politiker aber nicht immer an den vorgegebenen Zeitrahmen, vor allem dann nicht, wenn Reden auf dem Programm stehen. Ich wünsche niemandem, Johann in die Quere zu kommen, wenn so etwas passiert. Der Mann steht dann kurz vor der Explosion und der Kommandoton wird scharf und schärfer. Denn jetzt läuft schief, was nicht schieflaufen darf. Genauso war es damals. Fisch, Fleisch, Spargel und alles andere war zwangsläufig zu durchgebraten und verkocht. Aber was sollte man machen? Die Leute hatten Hunger und so kam eben auf den Tisch, was da war. Vielleicht lag es an der guten Stimmung, vielleicht am Nahewein oder auch am Wodka, aber Gorbatschow befand: »Das war der beste Fisch mit Spargel, den ich je gegessen habe.« Noch mal Glück gehabt.

Neben allem, was Rang und Namen hatte, war auch der damalige Bundeskanzler Gerhard Schröder ein gern gesehener Gast auf der Stromburg. Er wusste Essen und Trinken zu schätzen und beschloss den Abend gerne mit einer guten Zigarre. Eines Morgens im Jahr 2001 wollte er noch mit Johann frühstücken. Allerdings war Silvia gerade mit dem zweiten Kind schwanger und just in jener Nacht hatten die Wehen eingesetzt. Dementsprechend schnell verlief das Frühstück und dann ging es ab ins Krankenhaus, wo Johann bereits seinen neugeborenen Sohn Jonathan in die Arme nehmen konnte. Silvia nahm es gelassen. Sie hatte Johann ohnehin nicht so gerne im Kreißsaal dabei.

Happy Birthday!

»Wer viel arbeitet, soll auch gut feiern«, so lautet ein Sprichwort, das auf der Stromburg schon immer eine besondere Bedeutung hatte. Als Leiter eines gastronomischen Betriebes muss man zwangsläufig ein guter Gastgeber sein. Und das hat Johann immer wieder unter Beweis gestellt.

Im Frühjahr 2007 bekam ich einen Anruf und Johann fragte mich, ob ich ihm bei der Ausrichtung seines 50. Geburtstages auf der Stromburg behilflich sein könnte. Er hätte an diesem Abend so viel mit den geladenen Gästen zu tun, dass es ihm unmöglich wäre, auch noch auf der Bühne zu stehen und den Geburtstag zu moderieren. Eigentlich hatte ich keine Zeit, da ich am nächsten Tag für eine Fernsehsendung vor der Kamera stehen musste. Aber was tut man nicht für einen Freund. Also auf zur Stromburg! Die Gästeschar war beeindruckend. Alles, was in Gesellschaft, Medien, Sport und Politik Rang und Namen hatte, stand auf der Gästeliste. Es war ein rauschendes Fest. Das Buffet wurde von Spitzenköchen zubereitet, mit denen Johann Lafer in seiner langen Laufbahn zusammengearbeitet hat. Eckart Witzigmann durfte dabei nicht fehlen. Jeder Koch hatte seinen eigenen Stand in einem extra aufgebauten Festzelt und man konnte von Station zu Station gehen und sich bedienen. Die Feier ging erst in den frühen Morgenstunden dem Ende zu. Leider nicht für mich, ich war relativ zeitig im Bett und als ich frühmorgens die Stromburg Richtung Frankfurter Flughafen verließ, wankte der eine oder andere gerade erst in sein Zimmer.

Mit Jahrhundertkoch Eckart Witzigmann, seinem ehemaligen Chef aus der »Aubergine« verbindet Johann seit Jahren eine tiefe Freundschaft, genauso wie mit Laudator Jan Hofer. An seinem 50. stießen die beiden mit vielen weiteren Gästen auf das Geburtstagskind an.

Geflügelleberpraline im Kürbiskernmantel auf Gewürztraminergelee

Für ca. 25 Stück
Zubereitungszeit:
ca. 45 Min. +
ca. 2 Std. Gelierzeit
ca. 12 Std. Kühlzeit für die Creme

250 g frische Geflügel- oder Gänseleber
1 EL Butter
50 ml roter Portwein
100 g Sahne
200 g weiche Butter
Salz, Pfeffer
4 Blatt Gelatine
300 ml Gewürztraminer
150 g Kürbiskerne
Kerbel

1. Geflügelleber kalt abbrausen, trocken tupfen und in zerlassener Butter in einer breiten Pfanne rundum ca, 4 Min. scharf anbraten. Dann zuerst mit Portwein ablöschen und diesen fast vollständig verkochen lassen. Danach die Sahne dazugießen und einmal aufkochen. Das Ganze in einen Mixer geben, die weiche Butter zufügen, salzen, pfeffern und alles möglichst fein pürieren. Geflügellebercreme in eine Schüssel umfüllen und im Kühlschrank über Nacht erkalten lassen.

2. Die Gelatine ca. 3 Min. in kaltem Wasser einweichen. ¼ vom Gewürztraminer erhitzen, die Gelatine ausdrücken und im warmen Wein auflösen. Die Mischung etwas abkühlen lassen, dann den restlichen Wein unterrühren. Die Mischung im Kühlschrank ca. 2 Std. gelieren lassen. Anschließend das Gelee mit einem Messer fein hacken und bis zur weiteren Verwendung im Kühlschrank aufbewahren.

3. Die Kürbiskerne in einer Pfanne ohne Fett rösten und danach im Mixer oder Universalzerkleinerer fein hacken. Aus der kalten Geflügellebercreme walnussgroße Bällchen formen und diese in den gehackten Kürbiskernen wälzen.

4. Die Pralinen mit etwas gehacktem Gelee auf Schälchen oder Löffeln anrichten und mit Kerbel garniert servieren.

Kalbsbriesparfait im Madeira-Geleemantel mit glasiertem Kalbsbries

Für 6 Personen
Zubereitungszeit:
ca. 75 Min. +
ca. 4 Std. Kühlzeit

Für das Parfait:
6 Blatt Gelatine
275 ml Madeira
300 g geputztes Kalbsbries
20 g Butter
75 ml weißer Portwein
200 ml Kalbsfond
1–2 Lorbeerblätter
150 g Sahne

Für das Bries:
25 g schwarzer Wintertrüffel
250 g geputztes Kalbsbries
Salz, Pfeffer
25 g Butterschmalz
je 50 ml Madeira, Sherry und roter Portwein
250 ml kräftiger Kalbsfond
3–4 EL Trüffel-Einlegesaft

Außerdem:
Kerbel, Salatspitzen und Staudensellerie

1. Für das Parfait 2 Blatt Gelatine ca. 4 Min. einweichen. 200 ml Madeira erhitzen, Gelatine ausdrücken, in der heißen Flüssigkeit auflösen und diese ca. 3 mm dünn auf ein mit Folie ausgelegtes Blech gießen. Im Kühlschrank ca. 1 Std. fest werden lassen. Wenn das Gelee fest ist, mit der Folie nach unten in eine Form legen (ca. 500 ml Fassungsvermögen).
2. Das Kalbsbries in Röschen teilen und in zerlassener Butter bei mittlerer Temperatur 3–4 Min. anschwitzen. Mit Portwein und dem restlichen Madeira ablöschen, Kalbsfond aufgießen, Lorbeer zufügen und alles 6–8 Min. leise köcheln.
3. Die restliche Gelatine in kaltem Wasser einweichen. Die Sahne steif schlagen.
4. Lorbeerblätter entfernen und das Bries mitsamt Fond möglichst fein pürieren. Die Gelatine ausdrücken und in der warmen Masse auflösen. Auf Eis kalt rühren, bis die Masse leicht andickt. Nun die geschlagene Sahne unterheben und alles in die mit Gelee ausgekleidete Form füllen. Mit Folie abdecken und ca. 3 Std. im Kühlschrank durchkühlen.
5. Für die glasierten Briesröschen den Trüffel fein hacken. Das Bries in walnussgroße Röschen teilen. Mit Salz und Pfeffer würzen und in heißem Butterschmalz ca. 2 Min. anbraten. Aus der Pfanne nehmen, den Bratensatz mit Madeira, Sherry und Portwein ablöschen und fast vollständig ver-

kochen lassen. Mit Kalbsfond auffüllen, gehackten Trüffel und Trüffelsaft zufügen und alles auf ca. 100 ml einkochen lassen. Bries zurück in die Sauce geben und darin glasieren.

6. Das Parfait vorsichtig stürzen und in ca. 2 cm dicke Scheiben schneiden. Pro Portion 2 Scheiben auf einem Teller anrichten. Die glasierten Briesröschen um das Parfait verteilen und nach Belieben mit Kerbel, Salatspitzen und fein geschnittenem Staudensellerie garnieren.

Jeden Morgen um 5 Uhr ging es zum Einkaufen nach Frankfurt zum Schlachthof. Aus dem damals sehr beliebten Kalbsbries entwickelte Johann ein Parfait im Geleemantel, das schnell eine der gefragtesten Vorspeisen im »Val d'Or« war.

Singapurnudeln mit gebackenen Wan Tans, Edelfischröllchen und Knuspergarnelen in Thaisud

Für 4 Personen
Zubereitungszeit:
ca. 60 Min. +
ca. 15 Min. Garzeit

Für die Nudeln:
je 1 rote und gelbe Paprika
150 g Zuckerschoten
150 g Mini-Mais
4 Frühlingszwiebeln
200 g chinesische Eiernudeln, Salz
25 g Ingwer
1 Knoblauchzehe
je 2 EL Sojasauce und Sweet Chili Sauce
1–2 TL Currypulver
2 EL Sesamöl

Für die Wan Tans:
100 g Hummerfleisch
1 TL Austernsauce
1 TL Sweet Chili Sauce, Salz
4–8 Wan-Tan-Blätter
1 Eigelb (Größe M)

1. Die Paprika waschen, halbieren, entkernen und in feine Streifen schneiden. Die Zuckerschoten waschen und halbieren. Den Mais ebenfalls halbieren. Die Frühlingszwiebeln putzen, waschen und in Stücke schneiden. Die Nudeln in kochendem Salzwasser ca. 4 Min. bissfest garen. Abgießen und kalt abschrecken. Ingwer und Knoblauch schälen und fein würfeln bzw. reiben.

2. Für die Wan Tans das Hummerfleisch klein würfeln, mit Austern- sowie Sweet Chili Sauce vermischen und mit Salz abschmecken. Die Masse mithilfe eines Löffels auf den Wan-Tan-Blättern verteilen, den Rand mit verquirltem Eigelb einstreichen und alle vier Spitzen in der Mitte zusammendrücken, ebenso die Ränder.

3. Für die Edelfischröllchen die Fischfilets klein würfeln und mit 1 Prise Curry, Sojasauce sowie dem gehackten Ingwer vermischen. Jeweils etwas Füllung auf die Mitte der ausgebreiteten Frühlingsrollenblätter verteilen. Die Teigränder rundum mit verquirltem Eigelb einstreichen, dann die Seiten einschlagen und den Teig über der Füllung straff aufrollen.

Fortsetzung nächste Seite

Für die Edelfischröllchen:
150 g Edelfischfilet (z. B. Steinbutt oder Lachs)
Currypulver
1–2 TL Sojasauce
1 TL fein gehackter Ingwer
8 kleine Blätter Frühlingsrollenteig (Fertigprodukt)
1 Eigelb (Größe M)

Für die Riesengarnelen:
8 Riesengarnelen (ohne Schale und Darm)
1 große mehligkochende Kartoffel
Salz, Pfeffer

Für den Thaisud:
1 Knoblauchzehe
15 g Ingwer
300 ml Hummerfond
2 Stangen Zitronengras
½ frische rote Chili
1–2 TL Currypulver
50 g Butter
Salz, brauner Zucker

Außerdem:
500 ml Pflanzenöl
Zitronengras und Orchidee (nach Belieben)
Sweet Chili Sauce

4. Die Riesengarnelen kalt abspülen und trocken tupfen. Die Kartoffel schälen und mit dem Spiralschneider in spaghettilange Streifen schneiden. Die Garnelenschwänze salzen und pfeffern und mit den Kartoffelstreifen rundum einwickeln.

5. Um die Singapurnudeln fertigzustellen, das Sesamöl in einer ausreichend großen Pfanne oder in einem Wok erhitzen. Paprika, Mais und Zuckerschoten sowie Knoblauch und Ingwer hineingeben und 2–3 Min. anschwitzen. Die Nudeln zufügen, kurz mit anschwitzen, dann Soja- und Sweet Chili Sauce untermischen und mit Salz und Currypulver würzen.

6. Für den Thaisud Knoblauch und Ingwer schälen und grob hacken. Das Zitronengras andrücken bzw. stampfen. Alles mit dem Hummerfond sowie der Chili und dem Currypulver in einen Topf geben und um etwa die Hälfte einkochen lassen. Durch ein Sieb in einen kleinen Topf umgießen, die Butter untermixen und mit Salz und 1 Prise braunem Zucker abschmecken.

7. Das Pflanzenöl in einem Topf erhitzen. Die Wan Tans, Frühlingsröllchen und Garnelen darin goldgelb ausbacken. Auf Küchenpapier abtropfen lassen und mit den Singapurnudeln auf Tellern anrichten. Den Thaisud mit einem Mixstab nochmals aufschäumen und um die Nudeln verteilen. Nach Belieben mit halbiertem Zitronengras, etwas Chilisauce und Orchideenblüten garnieren.

Singapurnudeln mit gebackenen Wan Tans, Edelfischröllchen und Knuspergarnelen in Thaisud

Als Johann das erste Mal nach Asien kam, war er fasziniert von der Vielfalt der kulinarischen Köstlichkeiten. Sofort entstand die Idee, die beiden Kulturen, Asien und Europa, zu verbinden. Das Ergebnis ließ nicht lange auf sich warten und das Experimentieren mit dem Besten aus zwei Welten hatte sich gelohnt. 1998 wurde Johann als »Koch des Jahres« ausgezeichnet. Die Jury schrieb in der Begründung: »Kein anderer Koch versteht es wie Johann Lafer, die Aromen dieser Welt dermaßen zu vereinen.«

Jakobsmuschel-Saté auf Mangosalat

Für 4 Personen
Zubereitungszeit:
ca. 40 Min.

Für den Salat:
1 nicht zu reife Mango
1 Bund Frühlingszwiebeln
1 frische rote Chili
15–20 g Ingwer
2–3 EL Reisessig
2 EL Sesamöl
2 EL Ahorn- oder Reissirup
1 EL gehackter Koriander
Salz

Für die Satéspieße:
4 Stangen Zitronengras
8 Jakobsmuscheln
50 g Mehl (+ etwas Mehl zum Wenden)
50 g Speisestärke
1 EL Backpulver
1 TL Currypulver
2 EL Sesamöl, 3 EL Reiswein
Salz
eiskaltes Mineralwasser
250 ml Sonnenblumenöl

Außerdem:
Koriander, Limetten

1. Für den Salat die Mango schälen, das Fruchtfleisch vom Stein lösen und in Würfel schneiden. Die Frühlingszwiebeln putzen, waschen und in feine Ringe schneiden. Die Chili ebenfalls fein schneiden. Den Ingwer schälen und hacken.
2. Reisessig, Öl, Ahorn- bzw. Reissirup, Chili, Ingwer und gehackten Koriander zu einer Vinaigrette verquirlen. In einer Schüssel mit den Mangowürfeln und den Frühlingszwiebelringen mischen. Mit Salz abschmecken.
3. Für die Satéspieße das Zitronengras zu Spießen zurechtschneiden und je 2 Jakobsmuscheln aufspießen.
4. Mehl, Stärke, Backpulver, Currypulver, Sesamöl, Reiswein und 1 Prise Salz in eine Schüssel geben und mit so viel eiskaltem Mineralwasser verrühren, bis ein flüssiger, nicht zu dicker Teig entsteht.
5. Das Sonnenblumenöl in einer breiten Pfanne erhitzen. Die Satéspieße in Mehl wenden, durch den Teig ziehen und im heißen Öl goldbraun und knusprig ausbacken. Herausnehmen und kurz auf Küchenpapier abtropfen lassen.
6. Die Spieße etwas salzen und mit dem Mangosalat auf Tellern anrichten. Mit Koriander und Limetten garnieren.

Johann setzte mit seiner euroasiatischen Küche einen Trend, der lange Jahre Bestand haben sollte. Vieles davon lernte er als Gastkoch in Singapur im weltberühmten »Raffles Hotel«. Dort wurde Gastronomie auf höchstem Niveau zelebriert und auch Johann konnte noch einiges lernen. Die Gäste in Guldental fanden die Reiseeindrücke kulinarisch umgesetzt auf der Speisekarte wieder und nicht wenige fragten schon bei der Reservierung: »Na, was habt ihr denn diesmal mitgebracht?«

St. Petersfisch im Kokos-Gewürz-Sud auf Glasnudelsalat

Für 4 Personen
Zubereitungszeit:
ca. 35 Min. +
ca. 12 Min. Garzeit

Für den Salat:
2 große Möhren
100 g Glasnudeln, Salz
1–2 EL Sesamöl
je 2 EL Sojasauce, Thailändische Fischsauce und süßsaure Sauce

Für den Fisch:
30 g Ingwer, 2 Schalotten
1 kleine frische rote Chili
3–4 Stangen Zitronengras
2 EL Sesamöl
1 TL Currypulver
500 ml Kokosmilch (ungesüßt)
abgeriebene Schale und Saft von 1 Bio-Limette
Salz, brauner Zucker
8 Stücke St. Petersfischfilet (à ca. 80 g; ohne Haut und Gräten)
Kresse (nach Belieben)

1. Für den Salat die Möhren schälen und mit einer speziellen Gemüseschneidemaschine, einem Gemüsehobel oder einem Sparschäler in lange feine Streifen schneiden bzw. hobeln. Mit den Glasnudeln in eine große Schüssel geben. Ca. ½ l gesalzenes Wasser aufkochen, darübergießen, ca. 10 Min. ziehen lassen und dann das Wasser wieder abgießen.

2. Die Glasnudeln und Möhrenstreifen mit Sesamöl, Soja-, Fisch- und etwas süßsaurer Sauce marinieren.

3. Für den Fisch Ingwer und Schalotten schälen und in Scheiben schneiden. Die Chili der Länge nach halbieren. Das Zitronengras mit einer schweren Pfanne anklopfen. Alles zusammen mit Currypulver in Sesamöl kurz anschwitzen. Die Kokosmilch dazugießen, Limettenschale und -saft hineingeben. Den Sud mit je 1 Prise Salz und braunem Zucker würzen und auf ca. 70° erhitzen.

4. Die Fischfilets kurz kalt abbrausen, trocken tupfen, in den heißen, aber nicht kochenden Kokossud legen und 10–12 Min. darin pochieren.

5. Den marinierten Glasnudelsalat auf Teller verteilen. Je 2 gegarte Fischstücke daraufsetzen. Den Kokossud durch ein feines Sieb in einen anderen Topf gießen, mit dem Pürierstab schaumig mixen und über Fisch und Nudeln verteilen. Nach Belieben mit Kresse garnieren.

Gemüse-Millefeuille mit Riesengarnelen

Für 8–10 Personen
Zubereitungszeit:
ca. 60 Min. +
ca. 6 Std. Kühlzeit

Für das Millefeuille:
je 2 gelbe und rote Paprika
3 EL Olivenöl
3 Knoblauchzehen
3 dünne Zucchini
1 große Aubergine
4 Zweige Thymian
3 Zweige Rosmarin
Salz, Pfeffer
3 rote Zwiebeln
3 EL Zucker
100 ml Rotweinessig

Für die Sauce:
200 g Dosentomaten
2 EL Tomatenmark
100 ml Olivenöl
2 EL Balsamicoessig
5 Blatt Gelatine
Salz, Pfeffer, Zucker

1. Für das Millefeuille den Backofengrill auf höchste Stufe vorheizen. Paprika halbieren, putzen, waschen und mit der Schnittfläche nach unten auf ein mit Backpapier ausgelegtes Blech legen. Mit etwas Olivenöl beträufeln und im Ofen (unten) ca. 20 Min. grillen, bis die Haut schwarz wird. Die Paprika in einen Gefrierbeutel geben und darin abkühlen lassen. Anschließend enthäuten.
2. Den ungeschälten Knoblauch andrücken. Zucchini und Aubergine putzen, waschen und der Länge nach in 3–5 mm dicke Scheiben schneiden. Mit Knoblauch, Kräutern und etwas Olivenöl von beiden Seiten in einer Grillpfanne 3–5 Min. braten. Dabei kräftig salzen und pfeffern.
3. Die Zwiebeln schälen und würfeln. Im restlichen Öl ca. 2 Min. braten, dann mit Zucker bestreuen und leicht karamellisieren. Mit Essig ablöschen und die Flüssigkeit 6–8 Min. verkochen lassen. Gelegentlich umrühren.
4. Für die Sauce Tomaten, Tomatenmark, Olivenöl und Balsamico aufkochen und fein pürieren. Gelatine ca. 5 Min. in kaltem Wasser einweichen, ausdrücken und in der warmen Sauce auflösen. Mit Salz, Pfeffer und 1 Prise Zucker würzen.
5. Einen Backrahmen (ca. 12 x 20 cm) mit Backpapier auslegen. Die gegrillten Paprika, Zucchini und Aubergine abwechselnd mit dem Zwiebelragout hineinschichten. Dabei zwischen jede Gemüselage etwas Tomatensauce streichen. Das Ganze ca. 6 Std. zugedeckt in den Kühlschrank stellen.

Für das Pesto:
1 Bund Basilikum
3 Zweige glatte Petersilie
2 Knoblauchzehen
120 ml Olivenöl
50 g geröstete Pinienkerne
Salz
50 g frisch geriebener Parmesan

Für die Garnelen:
(küchenfertig)
2–3 Knoblauchzehen
3–4 EL Olivenöl
4 Zweige Thymian
3 Zweige Rosmarin
20 Riesengarnelen

Außerdem:
Salatspitzen

6. Für das Pesto Basilikum und Petersilie waschen, trocken schütteln und zupfen. Knoblauch schälen und grob zerkleinern. Alles mit dem Olivenöl und den gerösteten Pinienkernen und etwas Salz im Mixer zu einer glatten Paste pürieren. Zum Schluss den geriebenen Parmesan unterheben.
7. Für die Garnelen den Knoblauch in der Schale andrücken. Das Öl in einer großen Pfanne erhitzen, Knoblauch, Kräuter und Riesengarnelen hineingeben und die Garnelen von beiden Seiten je 4–5 Min. braten.
8. Das Gemüse-Millefeuille aus der Form stürzen und mit einem scharfen Messer (noch besser mit einem Elektromesser) in rautenförmige Stücke schneiden. Mit Riesengarnelen, Basilikumpesto und ein paar Salatspitzen anrichten.

Millefeuille, zu Deutsch 1000 Schichten, ist ein Klassiker der französischen Pâtisserie. Johann entwickelte daraus ein italienisch inspiriertes Gericht aus geschichtetem Gemüse.

Hummer-Ravioli mit Austernschaum

Für 4 Personen
Zubereitungszeit:
ca. 45 Min. +
ca. 12 Min. Garzeit

Für die Ravioli:
150 g weißes festes Fischfilet (ohne Haut)
75 g eiskalte Sahne
Salz, Cayennepfeffer
1 EL Zitronensaft
200 g ausgelöstes Hummerfleisch
20–24 runde Wan-Tan-Blätter
1 Eigelb (Größe M)

Für den Schaum:
8–12 frische große Austern
1–2 Schalotten
75 g Butter
1 TL Currypulver
75 ml Wermut
250 ml Fischfond
125 g Sahne
Koriander (nach Belieben)

1. Für die Ravioli den Fisch klein würfeln und ca. 20 Min. einfrieren. Anschließend mit der Sahne in einen Mixer geben, mit Salz, Cayennepfeffer und Zitronensaft würzen und zu einer glatten feinen Farce pürieren. Hummerfleisch klein würfeln, untermischen und mit Salz abschmecken.
2. Die Masse mithilfe eines kleinen Löffels auf die Mitte der Wan-Tan-Blätter verteilen. Die Teigränder dünn mit verquirltem Eigelb bestreichen, eine Seite über die Füllung schlagen und den Teig an den Rändern fest zusammendrücken.
3. Die Austern öffnen und das Fleisch auslösen. Dabei das Austernwasser auffangen und durch ein feines Sieb gießen. Das Austernfleisch unter fließendem Wasser säubern.
4. Die Ravioli aufrecht stehend in ein Dämpfkörbchen setzen und in einem passenden Topf über einem leicht köchelnden Wasserbad zugedeckt ca. 12 Min. garen.
5. Für den Schaum die Schalotten schälen, fein würfeln und in 1 EL Butter kurz anschwitzen. Mit Currypulver bestäuben und die ausgelösten Austern zufügen. Weitere 2 Min. anschwitzen, dann mit Wermut ablöschen und das Austernwasser, den Fischfond und die Sahne angießen. Das Ganze 3–4 Min. etwas einkochen lassen, dann fein pürieren und anschließend noch durch ein feines Sieb passieren.
6. Austernsauce mit der restlichen Butter schaumig mixen und in tiefe Teller schöpfen. Die Ravioli hineinsetzen und nach Belieben mit fein geschnittenem Koriander garnieren.

Noch ein Klassiker aus dem »Val d'Or« in Guldental.

Roulade von Räucherlachs in knusprigem Kartoffelrösti-Mantel

Für 4 Personen
Zubereitungszeit:
ca. 40 Min. +
ca. 15 Min. Garzeit

600 g große mehligkochende Kartoffeln
250 g Crème fraîche
abgeriebene Schale und Saft von 1 Bio-Limette
Salz, Pfeffer
30 g Butterschmalz
300 g Räucherlachs (in dünne Scheiben geschnitten)
Salat
dünne Radieschen- und Gurkenscheiben

1. Die Kartoffeln schälen und mit einem Spiralschneider in spaghettilange Streifen schneiden. Die Crème fraîche mit Limettenschale und -saft glatt rühren und mit Salz und Pfeffer würzen.
2. Die »Kartoffelspaghetti« trocken tupfen. Die Hälfte davon in einer beschichteten Pfanne (ca. 22 cm Ø) in heißem Butterschmalz von beiden Seiten ca. 8 Min. goldbraun braten. Auf die gleiche Weise eine zweite Rösti backen.
3. Die gebratenen Rösti dicht mit Räucherlachs belegen. Das Ganze straff aufrollen und sofort mit einem Elektromesser in ca. 5 cm breite Stücke schneiden.
4. Etwas Limetten-Crème-fraîche auf den Tellern verteilen und jeweils 2 Stücke Rösti-Lachs-Roulade darauf anrichten. Mit etwas Salat sowie einigen Radieschen und Gurkenscheiben garnieren und sofort servieren.

Zander-Flusskrebs-Savarin im Spaghetti-Mantel mit Flusskrebsragout, Erbsen und Zuckerschoten

Für 4 Personen
Zubereitungszeit:
ca. 75 Min. +
ca. 14 Min. Garzeit

Für die Savarins:
34 frische Flusskrebse
150 g Zanderfilet (ohne Haut und Gräten)
75 g eiskalte Sahne
Salz, Cayennepfeffer
1 EL Zitronensaft
75 g Spaghetti
weiche Butter für die Förmchen

1. Die Flusskrebse kopfüber in kochendes Wasser geben, ca. 2 Min. darin garen und dann in Eiswasser abschrecken. Die Schwänze ausbrechen und den Darm entfernen.
2. Das Zanderfilet klein würfeln und ca. 20 Min. in das Gefrierfach geben. Anschließend die angefrorenen Fischwürfelchen mit der Sahne in einen Mixer geben, mit Salz, Cayennepfeffer und Zitronensaft würzen und zu einer glatten feinen Farce pürieren.
3. Spaghetti in kochendem Salzwasser nach Packungsanweisung al dente kochen. Abschütten und kalt abschrecken. 4 Savarinförmchen (ca. 7 cm Ø) großzügig buttern und mit den Spaghetti dicht auslegen.
4. Den Backofen auf 120° (Umluft) vorheizen. Ein tiefes Backblech auf die unterste Schiene schieben und ca. 2 cm hoch mit heißem Wasser füllen.
5. 10 ausgebrochene Krebsschwänze klein würfeln und unter die Zanderfarce mischen. Die Masse nochmals abschmecken, in die ausgelegten Savarinförmchen füllen und glatt streichen. Die Förmchen in das vorbereitete Blech stellen und die Savarins im Ofen im heißen Wasserbad 10–14 Min. pochieren.

Fortsetzung nächste Seite

Für das Gemüse:
100 g Zuckerschoten
150 g Erbsen (frisch oder aufgetaute TK-Ware)
Salz

Für die Sauce:
300 ml Krustentierfond (siehe Tipp; ersatzweise fertig gekauft)
50 g kalte Butter
1–2 EL steif geschlagene Sahne

Außerdem:
frische Erbsenkresse (nach Belieben)

6. Für das Gemüse die Zuckerschoten putzen und waschen. Mit den Erbsen ca. 2 Min. in kochendem Salzwasser blanchieren. Abgießen, abschrecken und in 1 EL zerlassener Butter schwenken.

7. Für die Sauce den Krustentierfond um die Hälfte einkochen, Butter und geschlagene Sahne untermixen und nochmals abschmecken. Die restlichen Krebsschwänze in die heiße Sauce geben und nochmals darin erwärmen.

8. Die Savarins vorsichtig aus den Förmchen stürzen und mit dem Gemüse auf Tellern anrichten. Krebse und Sauce darauf verteilen und nach Belieben mit Erbsenkresse garnieren.

Selbst gekochter Krustentierfond

Den Backofen auf 200° (Ober-/Unterhitze) vorheizen. 500 g Krustentierschalen (z. B. von Hummer, Langusten oder Flusskrebsen) waschen, etwas zerkleinern und im Ofen ca. 15 Min. trocknen.
2 Möhren und ½ Knollensellerie schälen und klein schneiden. 1 Zwiebel und 2 Knoblauchzehen hacken. Alles mit den Krustentierschalen in wenig heißem Öl unter regelmäßigem Rühren 6–8 Min. rösten. 2 EL Tomatenmark unterrühren, kurz mitrösten, dann mit 75 ml Weinbrand ablöschen und flambieren. 4 gewürfelte Fleischtomaten dazugeben. Mit 250 ml Weißwein und 1 l Wasser auffüllen. 2 Lorbeerblätter, 3 Nelken, 1 EL zerstoßene schwarze Pfefferkörner und 1 EL Meersalz zugeben und alles ca. 1 ½ Std. leise köcheln lassen. Mit Salz und Limettensaft abschmecken. Den Krebsfond durch ein mit Mulltuch ausgelegtes Sieb passieren und heiß in Einmachgläser oder Gefrierbeutel füllen.

Es macht zwar etwas Arbeit, selbst Krustentierfond zu kochen, doch sein Aroma ist ungleich feiner als das von fertig gekauftem Fond. Sie können gut gleich größere Mengen herstellen, denn der Fond hält gut verschlossen im Kühlschrank 1–2 Wochen, im Tiefkühler 6–8 Monate.

Guldental ist nicht weit von der französischen Grenze entfernt. Silvia Lafer hatte lange in der französischen Gastronomie gearbeitet und da lag es nahe, sich immer wieder im Nachbarland umzusehen. Von ihren Reisen brachten die beiden viele kulinarische Ideen mit, die sie für das »Val d'Or« neu interpretierten. Eines dieser Gerichte war das Savarin von Zander und Flusskrebsen. Wer sich an das Rezept herantasten will, sollte wissen, dass der Aufwand nicht unerheblich ist. Aber es lohnt sich.

Lafers Schokokuss

Für 8 Personen
Zubereitungszeit:
ca. 60 Min. +
ca. 15 Min. Garzeit +
ca. 2 Std. Kühlzeit

Für die Mousse:
50 g weiße Kuvertüre
50 g Nougat
1 Ei (Größe M)
abgeriebene Schale
von ½ Bio-Orange
1 Blatt weiße Gelatine
je 1 EL Grand Marnier
und Rum
50 g Mandelkrokant
200 g Sahne
8 kleine runde Biskuitböden
(ca. 6 cm Ø)

Für die Schokoglasur:
150 g Zartbitterschokolade
(70 %)
100 g Sahne
30 g Butter, 75 g Zucker

Für die Gewürzorangen:
4 Orangen
75 g Zucker
250 ml Orangensaft
1 Zimtstange
2–3 Kardamomkapseln
(angedrückt)

1. Für die Mousse die Kuvertüre fein hacken, das Nougat würfeln. Beides in einer Schüssel über einem heißen Wasserbad schmelzen. Die Gelatine ca. 5 Min. in kaltem Wasser einweichen. Derweil das Ei mit 1–2 EL Wasser über einem heißen Wasserbad aufschlagen und mit Orangenschale würzen. Gelatine ausdrücken und im warmen Schaum auflösen. Die flüssige Nougatkuvertüre unterrühren. Mit Grand Marnier und Rum aromatisieren und den fein zerbröselten Krokant unterrühren. Sahne schlagen und unterheben.
2. 8 Kuppelformen (6 cm Ø) in die Mulden eines leeren Eierkartons setzen und mit der Mousse füllen. Die Biskuitböden auf die Creme legen, die Förmchen mit Klarsichtfolie abdecken und im Gefrierfach ca. 2 Std. durchkühlen.
3. Inzwischen für die Glasur die Schokolade hacken. Die Sahne aufkochen. Butter und Schokolade stückchenweise zufügen und auflösen. Die Mischung etwas abkühlen lassen. 50 ml Wasser mit Zucker ca. 2 Min. kochen lassen und den entstandenen Sirup unter die Schokosahne rühren. Zu einer etwas dickflüssigeren Konsistenz abkühlen lassen.
4. Für die Gewürzorangen die Orangen mit einem scharfen Messer sorgfältig schälen, sodass auch das Weiße entfernt wird. Die einzelnen Fruchtfilets herauslösen. Den Zucker in einem Topf hell karamellisieren, dann mit Orangensaft ablöschen. Die Gewürze zufügen und alles um die Hälfte einkochen lassen. Die Stärke mit etwas kaltem Wasser anrühren und die Flüssigkeit damit leicht binden. Die Filets untermischen und alles abkühlen lassen.

1 Vanilleschote
(der Länge nach halbiert)
1–2 Sternanise
2 TL Speisestärke

Außerdem:
50 g weiße Kuvertüre
frische Minze
Himbeeren
in Grenadine eingelegte
Orangenschalenstreifen
(nach Belieben)

5. Die Mousse aus dem Kühlschrank nehmen. Die Folie abziehen, die Förmchen in heißes Wasser tauchen, die Creme vorsichtig herausschieben und auf ein Gitter setzen. Dieses dann auf ein mit Folie ausgelegtes Tablett stellen und die Glasur großzügig über die Kuppeln gießen. Im Kühlschrank fest werden lassen.

6. Die weiße Kuvertüre fein hacken und in einer Schüssel über einem heißen Wasserbad schmelzen. In ein Pergamenttütchen geben und auf die Schokoküsse sprenkeln.

7. Schokoküsse mit Orangenragout, Minze, Himbeeren und nach Belieben mit in Grenadine eingelegten Streifen von Orangenschalenstreifen garnieren.

Millefeuille aus Krokant-Blätterteig mit Bourbon-Vanillecreme und Erdbeeren

Für 4 Personen
Zubereitungszeit:
ca. 40 Min. +
ca. 12 Std. Kühlzeit +
ca. 25 Min. Backzeit

Für die Creme:
125 g weiße Kuvertüre
250 g Sahne
Mark von 1 Vanilleschote
Salz

Außerdem:
200 g frischer Blätterteig (ersatzweise aufgetaute TK-Ware)
30 g Puderzucker
400 g schöne kleinere Erdbeeren
1–2 EL Grand Marnier
1 EL Puderzucker
frische Minze

1. Für die Creme die Kuvertüre hacken und in eine Schüssel geben. Sahne mit Vanillemark und 1 Prise Salz aufkochen, über die Kuvertüre gießen und rühren, bis diese geschmolzen ist. Zugedeckt über Nacht im Kühlschrank kalt stellen.
2. Den Backofen auf 200° (Ober-/Unterhitze) vorheizen. Blätterteig ca. 5 mm dick ausrollen, auf ein mit Backpapier belegtes Blech legen, mit einem Kuchengitter beschweren und im Ofen ca. 25 Min. backen. Abkühlen lassen.
3. Den Backofengrill auf höchste Stufe vorheizen. Blätterteig gleichmäßig mit Puderzucker bestäuben und unter dem Grill goldbraun karamellisieren. Mit einem Sägemesser in 8 ca. 4 x 8 cm große Stücke schneiden.
4. Die kalte Vanillecreme mit dem Handrührgerät steif schlagen. In einen Spritzbeutel mit großer Lochtülle umfüllen.
5. Erdbeeren putzen und waschen. ¼ pürieren und durch ein feines Sieb streichen. Die restlichen Beeren mit Grand Marnier und Puderzucker marinieren.
6. Auf 4 Blätterteigstücke je etwas Vanillecreme spritzen. Ein paar Erdbeeren darauf verteilen und mit etwas Erdbeerpüree beträufeln. Die anderen Teigstücke auflegen und die Millefeuilles mit der restlichen Sauce und Minze garnieren.

Truffes d'Or

Für ca. 30 Stück
Zubereitungszeit:
ca. 45 Min. +
ca. 15 Min. Kühlzeit

100 g weiße Kuvertüre
100 g Vollmilchkuvertüre
100 g Sahne
25 g Salzbutter
abgeriebene Schale
von 1 Bio-Orange
Mark von 1 Vanilleschote
3 EL Grand Marnier
30 Trüffel-Hohlkugeln aus
Zartbitterschokolade
300 g Zartbitterkuvertüre
Blattgold

1. Weiße und Vollmilchkuvertüre fein hacken und in eine Schüssel geben. Sahne mit Salzbutter aufkochen und über die gehackte Kuvertüre in die Schüssel gießen. Alles glatt rühren. Abgeriebene Orangenschale, Vanillemark und Grand Marnier zugeben und unterrühren. Die Mischung in einen Spritzbeutel mit feiner Tülle füllen, auskühlen lassen und in die Zartbitter-Hohlkugeln spritzen.
2. Zartbitterkuvertüre klein hacken und in einer Schüssel über einem heißen Wasserbad schmelzen. Alle Hohlkugeln nacheinander mit etwas flüssiger Kuvertüre verschließen und anschließend ca. 15 Min. ins Gefrierfach stellen.
3. Die gefüllten Hohlkugeln in die temperierte Zartbitterkuvertüre tauchen, dann auf ein Gitter setzen und mit einer Gabel über das Gitter rollen. Die Kuvertüre fest werden lassen und die Trüffeln mit Blattgold verzieren.

Ein besonderes Highlight zum Abschluss eines Menüs im »Val d'Or« auf der Stromburg waren die Truffes d'Or. In einem kleinen Schächtelchen bekam jeder Gast eine Trüffel mit zweierlei Füllungen und etwas Blattgold mit auf den Heimweg. Die Lafer-Praline gibt es nach wie vor, allerdings nur auf Flügen der Singapore Airlines.

Der Aufwand der modernen Küche sucht seinesgleichen. Viele Köche veredeln Gerichte mit einer ganz besonderen Zubereitungsart und machen so das Essen für ihre Gäste zu einem außergewöhnlichen Erlebnis – mit Erfolg. Johann jedoch hat genau den entgegengesetzten Weg eingeschlagen. Er wollte sich wieder mehr auf die einfachen Dinge konzentrieren und diese in seinem typischen Stil genussvoll verfeinern oder, wie es so schön heißt, »auflafern«.

TAKE

5.
TV und Medien

Vom Herd vor die Kamera

Johann war oben angekommen. Laut einer Umfrage der GFK, der Gesellschaft für Konsumforschung, war er der bekannteste und beliebteste Koch Deutschlands. Zu diesem Erfolg trugen natürlich seine unzähligen Fernsehsendungen bei – angefangen beim Regionalprogramm des SWR in Mainz bis zum ZDF. Überall war Johann als Botschafter des guten Geschmacks zu sehen.

Alles begann Anfang der 1980er-Jahre im Regionalprogramm des Bayerischen Rundfunks. Johann arbeitete damals bei Dieter Müller in den »Schweizer Stuben« in Wertheim-Bettingen, wo Jahr für Jahr zu Weihnachten und zu Ostern ein 5-Gänge-Menü für den BR produziert wurde. Müller entschied, dass sein Chefpâtissier 1985 die Sendung präsentieren sollte. Eine unglaubliche TV-Karriere nahm ihren Anfang – wenn auch mit Hindernissen.

Dem Regisseur gefiel die Art, wie Johann die Gerichte präsentierte, obwohl der vor Nervosität kaum atmen konnte, und er verabschiedete sich mit folgenden Worten: »Johann, falls du mal woanders hingehst, lass es mich wissen, vielleicht können wir was zusammen machen.« Wer das Fernsehgeschäft kennt, weiß, dass darauf nicht viel zu geben ist. Jeder, der einmal Studioluft geschnuppert hat, kennt derartige Versprechungen. Selten ist etwas draus geworden. Anders bei Johann …

Nach diversen Stationen war er mittlerweile in Guldental sesshaft geworden. Eines Tages erinnerte er sich jedoch an das Gespräch, rief beim Bayerischen Rundfunk an und fragte den Regisseur von damals geradeheraus, ob das noch ein Thema wäre. Man war in München nicht abgeneigt, allerdings musste zunächst ein Problem geklärt werden: Guldental liegt in Rheinland-Pfalz. Und eine Sendung außerhalb des Sendegebietes zu produzieren und sie dann in Bayern auszustrahlen, das hatte es bis dahin nicht gegeben. Da rauchten beim BR die Köpfe, aber die Würfel fielen zugunsten Johanns und so wurden in der kleinen Küche des »Val d'Or« die ersten Sendungen aufgezeichnet.

Dass ein Koch aus Rheinland-Pfalz im bayerischen Fernsehen zu sehen war, ging natürlich gar nicht. Das fiel irgendwann auch dem Fernsehdirektor des damaligen Südwestfunks in Mainz auf. Und so suchte man das Gespräch mit Johann, wurde handelseinig und alsbald wurden in der Sendung »Glaskasten« Guldental und das »Val d'Or« vorgestellt. Johann, der extra für diese regionale Show eine Himbeer-Charlotte vorbereitet hatte, zog sich allerdings gleich den Unmut der gesamten Gemeinde Guldental zu. Heute würde man sagen, er erntete einen gehörigen Shitstorm. Was war passiert? In der Sendung wurde er gefragt, wo er denn die schönen Himbeeren gefunden hätte, und er antwortete, ohne groß nachzudenken: »Auf dem Frankfurter Großmarkt.« Dabei hatte ihm eine Frau aus dem Ort die Himbeeren gebracht. In einem kleinen Ort wie Guldental spricht sich so etwas schnell herum und es hat einige Zeit gedauert, die Wogen wieder zu glätten. Warum Johann diese unbedachte Äußerung gemacht hat, kann er heute nicht mehr sagen, denn gerade er legte seit jeher Wert auf regionale Produkte. Die heimischen Produzenten wussten, dass sie bei Johann immer einen guten Abnehmer hatten, und er konnte sich darauf verlassen, Produkte verarbeiten zu können, die »mit Liebe gemacht wurden«.

Die Macher des SWF merkten sehr bald, dass sie mit Johann ein Zugpferd gewonnen hatten, und wollten mehr. Wobei, so ganz traute man dem Braten dann doch noch nicht und so stellte man Johann eine erfahrene Journalistin und Moderatorin zur Seite. Sie sollte die offensichtlichen Schwächen des moderationsunerfahrenen Kochs abfedern.

In der ersten Sendung wurde ein Parfait von der Räucherforelle angerichtet. Dazu musste man Zwiebeln mit Fischstückchen und Haut anschwitzen und dann mit Sahne-Fisch-Fond aufgießen. So weit, so gut. Plötzlich meldete sich der Regisseur der Sendung und fragte aus dem Ü-Wagen: »Warum kocht das nicht?« Nun bekam Johann einen Schnellkurs in Sachen Fernsehen verpasst. Das Sprichwort sagt: Ein Bild sagt mehr als 1000 Worte. Beim Fernsehen kann das bedeuten: Ein Bild lügt mehr als 1000 Worte, denn manches ist hier nur schöner Schein. Darauf zu warten, dass der Fischsahnefond kocht, kann sich keine Fernsehsendung leisten und so wird manches vorproduziert, was im TV live aussieht.

Sehr schnell war klar, dass Johann und der Regisseur keine Freunde würden. Jeder hielt den anderen für komplett inkompetent. Somit war die Fernsehkarriere schon fast zu Ende, bevor sie überhaupt begonnen hatte. Am nächsten Tag wurde dennoch weitergedreht, ein Christstollen für die Weihnachtssendung stand auf dem Programm. Alles klappte nach Plan und die Sendung war im Kasten. Dachte man, bis der Regisseur plötzlich zugeben musste, dass man versehentlich die Aufzeichnung gelöscht hatte. Johann fuhr aus der Haut, das Studio bebte und es wurde lauter und schärfer im Ton – auf beiden Seiten. Ihm war klar: Fernsehen sollten andere machen, mit so viel Unfähigkeit und Ignoranz wollte er nichts zu tun haben.

Also noch mal von vorn. Alles musste aufs Neue aufgezeichnet werden – und diesmal klappte es. Trotzdem ließ sich nicht darüber hinwegsehen, dass in dieser Sendung so ziemlich alles falsch lief, was nur falsch laufen konnte. Nach heutigen Maßstäben würde so eine Produktion im Mülleimer landen. Aber es waren andere Zeiten, an Social Media und die ständige öffentliche Bewertung war noch nicht zu denken und so lief die Sendung ungeschnitten im Programm des damaligen SWF. Und sie war, wider Erwarten, ein riesengroßer Erfolg. Die Anzahl der Zuschriften mit der Bitte um Zusendung der Rezepte war gigantisch, obwohl damals noch ein frankierter Rückumschlag beigelegt werden musste. Entsprechend prompt kam die Reaktion: Man bot Johann eine ganze Serie an. Der Regisseur wurde ausgetauscht und letztendlich folgten 350 Folgen von »Johann Lafer kocht«. In Wolfgang Junglas hatte Johann einen kongenialen Partner und Redakteur beim Südwestfunk gefunden, der wusste, wie er tickt und der sein Potenzial zu heben vermochte. Regionale Produkte standen hier wieder im Vordergrund. Na ja, manchmal wurde schon auch improvisiert. Wenn einmal keine heimischen Erdbeeren vorzeigbar waren, wurden eben welche aus Kalifornien oder Spanien an die Stauden gebunden, weil das besser aussah …

Womit man nicht zufrieden war, war Johanns Körpersprache und man riet ihm, an ihr zu arbeiten. Er fuhr daher nach Wien und schrieb sich für einen Kurs bei Samy Molcho ein, weltbekannter Pantomime und Professor für Gestik und Mimik. Das Seminar war teuer, 7000 österreichische Schilling, umgerechnet etwa 1000 Mark. Das war viel Geld für die damalige Zeit, aber Johann biss in den sauren Apfel und machte mit.

Als er von seinem zweitägigen Seminar aus Wien zurückkam, dachte er, Gottschalk und Jauch bald Konkurrenz machen zu können. Sein Selbstbewusstsein war nicht zu überbieten. In Wirklichkeit aber war das Ergebnis niederschmetternd, um nicht zu sagen schlichtweg entsetzlich. In den folgenden Sendungen dachte er nicht mehr an seine Sprache und an seine Kochkunst, sondern nur noch daran, das umzusetzen, was Samy Molcho ihm beigebracht hatte.

Keine Spur von Lockerheit, die ja eigentlich das Ziel sein sollte. Dem damaligen Fernsehdirektor Herrn Klein war das natürlich nicht verborgen geblieben und er bat Johann zu einem Gespräch nach Mainz in die Sendezentrale. Der dachte schon wieder an das Ende seiner Fernsehkarriere. Doch mitnichten! Man teilte ihm mit, er solle sich doch bitte wieder so zeigen, wie er wäre, und alles ad acta legen, was er in Wien gelernt hatte. »Entweder der Zuschauer akzeptiert Sie so, wie Sie sind, oder er drückt auf die Fernbedienung und schaltet um.« Die Zuschauer schalteten nicht um und Johann konnte endlich, von allen äußeren Zwängen befreit, so sein, wie er nun mal war – und ist.

Es folgten Kochsendungen wie »Himmel un Erd« oder Unterhaltungsshows wie »Der fröhliche Weinberg« mit Ulrike Neradt, einer ehemaligen deutschen Weinkönigin, die sich später als Chansonsängerin einen Namen machte. Die Sendung lief von 1994 bis 2007.

Ich moderierte damals Jahr für Jahr in Neustadt an der Weinstraße anlässlich des deutschen Weinfestes die Wahl der deutschen Weinkönigin. Da lag es nahe, dass ich als »Weinexperte« auch in den »Fröhlichen Weinberg« eingeladen wurde. Nun trinke ich in der Tat gerne Wein, mich aber als Weinexperten zu bezeichnen, ist weit gefehlt. Ich genieße den Rebensaft nach dem Motto: Hauptsache, er schmeckt. Doch die Macher der Sendung hatten die Idee, mein Weinwissen zu testen, und eine Blindverkostung vorbereitet. Also standen da drei identische Gläser, gefüllt mit Rotwein, und ich sollte herausschmecken, um welchen Wein es sich handelte. Die erste Probe war mir schnell klar. Ich hatte damals eine kleine Ferienwohnung in Spanien und trank gerne Wein aus der Region Rioja. Ich bemerkte, dass Geruch und Geschmack stimmten. Bingo, es war ein Rioja!

Zweiter Wein, ich roch und verkündete: »Das ist ein Cabernet Sauvignon, ich nehme an, aus Kalifornien, könnte aber auch aus Südafrikas Kapregion oder Neuseeland sein.« Treffer, auch die zweite Runde ging an mich. Nun war mir klar, die dritte Sorte musste ein deutscher Wein sein und mit dem kannte ich mich, zumindest bei den Roten, überhaupt nicht aus. Zur Wahl standen ein Spätburgunder oder ein Dornfelder. Nur welcher war welcher? Ich hatte keinen blassen Schimmer. Es war ein Dornfelder, ich hätte es an der Farbe erkennen müssen, lag aber zur Belustigung der Studiogäste daneben. Den möglichen Gewinn, eine von Ulrike Neradt selbst bemalte Krawatte, konnte ich also nicht mit nach Hause nehmen. Noch Jahre später wurde ich auf die Sendung angesprochen und es wurde lautstark bezweifelt, ob ein Mensch ohne fundierte Weinkenntnisse überhaupt in der Lage sei, die Wahl zur deutschen Weinkönigin zu moderieren.

Was hat George Clooney mit Johann Lafer zu tun? Beide sind Stars auf ihrem Gebiet, aber das war's auch schon. Fast. Denn hätte George Clooney nicht einen Auftritt in der Talkshow von Johannes B. Kerner im ZDF abgesagt, wäre es wohl kaum zu der bundesweiten TV-Präsenz gekommen, die Johann heute hat. Da der US-Star abhandengekommen war, entschied man sich nämlich, stattdessen eine Kochsendung mit den Küchenchefs zu senden, die am Vorabend zu Kerners Talkshow eingeladen waren.

Es war der 15. Dezember 2004. Johann Lafer, Tim Mälzer, Rainer Sass, Sarah Wiener und Ralf Zacherl bestritten die Show, die als einmalige Ausgabe gedacht war. Die Sendung kam aber so gut an, dass man ab Januar 2005 jeden Freitagabend im ZDF »Kerner kocht« bewundern konnte.

In der Sendung lernte Johann auch Horst Lichter kennen und so entstand die Idee, mit diesen beiden doch sehr unterschiedlichen Typen eine neuartige Show am Samstagnachmittag auszuprobieren. »Lafer! Lichter! Lecker!« war eine Mischung aus Talk und Kochen, wobei Horst Lichter eher für die Hausmannskost und Johann für die feinere Küche zuständig war. Das Ganze war ein munteres, sehr unterhaltsames Durcheinander. Ich selbst war zweimal dort zu Gast, einmal als Partner von Horst und einmal von Johann. Was wir gekocht haben, weiß ich nicht mehr, aber dass es sehr lustig war, daran kann ich mich gut erinnern.

Von 2004 bis 2008 kochte Lafer regelmäßig bei »Kerner kocht«. Auch in der Neuauflage »Kerners Köche« (2017 bis 2018) war er selbstredend wieder am Start.

Elf Jahre lang wurde die Show ausgestrahlt, dann war Schluss mit lustig. »Wir haben eine extrem schöne Zeit gehabt, aber wir haben dann beide eingesehen, dass nach elf Jahren alles gesagt und gezeigt wurde. Eine gewisse Euphorie wurde immer schwächer«, urteilte Johann. Aber er hatte etwas sehr Wichtiges aus dieser Zeit mitgenommen: »Durch Horst Lichter habe ich eine ganz andere Lockerheit bekommen. Dadurch habe ich mich getraut, Dinge im Fernsehen zu sagen, die früher für mich ein absolutes No-Go waren«, gestand er einmal in einem Zeitungsinterview.

Auf eine Ehrung hätte Johann allerdings gerne verzichtet. Horst Lichter hatte einen weiblichen Gast als »wie ein mit Marzipan gefülltes Pralinchen« bezeichnet. Das ging einigen Zuschauern dann doch zu weit und die beiden Köche bekamen die »Saure Gurke«, einen Negativpreis, von Medienfrauen verliehen.

»Lafer! Lichter! Lecker!« war das letzte regelmäßige Format, in dem Johann zu sehen war. Allerdings ist er bis heute festes Mitglied der Köchecrew bei der »ZDF Küchenschlacht«. Außerdem ist Johann immer wieder ein gern gesehener Gast, auch außerhalb der Kochszene.

Eine der spektakulärsten TV-Sendungen mit Johann Lafer war das »SWR3 Grillen« 2008. Mehr als 100 000 Zuschauer folgten der Show, bei der Johann vorgrillte und die Menschen an den Bildschirmen alles nachahmten. Vorher wurden die Rezepte und Zutaten bekannt gegeben, sodass alle auf dem gleichen Stand waren. Die Idee war, ein Hähnchen über einer Bierdose zu grillen. Als das Gericht entworfen wurde, klappte das sehr gut mit einer 0,33-l-Bierdose. Als die Sendung dann ausgestrahlt werden sollte, war diese Größe jedoch nicht mehr verfügbar. Es gab nur noch 0,5-l-Dosen – und die passten natürlich überhaupt nicht. Bei einem normalen Kugelgrill ließ sich der Deckel nicht mehr aufsetzen, weil das Grillhuhn zu hoch war. Also wurden die Zuschauer aufgefordert, sich einen Blecheimer zu besorgen, den sie anstelle des Deckels über den Grill stülpen könnten. Aber damit nicht genug: Man stellte auch noch fest, dass die Farbe der Bierdosen nicht lebensmittelecht war und diese somit gar nicht verwendet werden durften. Das Gesundheitsamt riet, die Dose in Alufolie einzuwickeln, um das Problem zu lösen. So machten es die Zuschauer auch. Allerdings hatten viele in der Aufregung vergessen, die Lasche der Bierdose zu öffnen. Die Folge: Durch die Hitzeentwicklung platzte die Dose und das Huhn flog davon. Es funktionierte vorne und hinten nicht. Aber die Zuschauer nahmen es mit Humor und die Resonanz war überwältigend. Heute gibt es diesen Event bei SWR3-Radio schon 15 Jahre und er ist mit Sicherheit der größte interaktive Event Europas.

Auf Höhen folgen Tiefen

Katastrophen bahnen sich nicht langsam und schleichend an, sondern erwischen uns fast immer plötzlich und mit voller Wucht. Im Spätsommer 2014 berichtete die »Bild am Sonntag« über eine Angestellte, die Johann auf 40 000 Euro verklagt hatte und ihm Sozialversicherungsbetrug vorwarf. Sie verlor zwar das Verfahren, dennoch lasen diesen Artikel natürlich auch die Finanzbehörden und die Staatsanwaltschaft. Mit 45 Ermittlern tauchte man in Johanns Privathaus und an der Stromburg auf und drehte jedes Stück Papier um. Die Folge war eine Anklage wegen Steuerhinterziehung. Johann bekannte, einen Fehler gemacht zu haben, und akzeptierte ohne Widerspruch eine hohe Geldstrafe als Spende an eine gemeinnützige Organisation. Wenn man Fehler macht, dann muss man auch dafür geradestehen.

Elf Jahre kochten Johann und Horst Lichter jeden Samstag im ZDF und er hat aus dieser Zeit eine große Portion Lockerheit vor der Kamera mitgenommen, von der er bis heute profitiert.

Currywurst »La Ola«

Für 4 Portionen
Zubereitungszeit:
ca. 30 Min. +
ca. 20 Min. Garzeit

2 Schalotten
1 Knoblauchzehe
1 kleine rote Chilischote
1 EL Olivenöl
50 g brauner Zucker
3 EL Rotweinessig
2 EL Tomatenmark
250 g Tomatenpüree (aus der Dose)
Salz, Pfeffer
400 g Weißbrot (am Stück)
4 helle Bockwürste (möglichst lang und ohne Darm)
200 ml Pflanzenöl
2–3 EL Currypulver

1. Die Schalotten und den Knoblauch schälen und fein würfeln. Die Chilischote halbieren, die Kernchen entfernen und die Hälften dann fein würfeln. Alles zusammen in heißem Olivenöl anschwitzen. Zucker zufügen, etwas schmelzen lassen, dann mit Essig ablöschen. Tomatenmark und -püree unterrühren und die Sauce bei schwacher Hitze langsam um ca. ⅓ einkochen lassen. Dabei gelegentlich umrühren. Zum Schluss die Sauce mit Salz und Pfeffer abschmecken und abkühlen lassen.
2. Das Weißbrot in ca. 2 cm große Würfel schneiden. Die Bockwürste der Länge nach in dünne Scheiben schneiden (das geht am besten mit einer Aufschnittmaschine).
3. Die Wurstscheiben wellenartig zwischen die einzelnen Brotwürfel auf lange Holzspieße stecken.
4. Das Pflanzenöl in einem breiten Topf erhitzen und die Spieße darin rundum 30–60 Sek. goldbraun frittieren. Auf Küchenpapier abtropfen lassen und nach Geschmack mit Currypulver bestreuen. Mit der Sauce servieren.

2006 hielt die Fußballweltmeisterschaft Deutschland in Atem. Am Ende belegte die Nationalelf den dritten Platz hinter Frankreich und Sieger Italien. Natürlich war das auch immer wieder Thema in den TV-Unterhaltungssendungen. Johann Lafer war bei Stefan Raab in »TV total« zu Gast und brachte ein besonderes Präsent mit, die Currywurst »La Ola«, benannt nach den La-Ola-Wellen in den Fußballstadien. Selbst Deutschlands Lieblings-Fast-Food war vor Johann Lafers Kreativität nicht sicher.

Gegrilltes Hähnchen auf der (hoffentlich geöffneten) Bierdose

Für 2 Portionen
Zubereitungszeit:
ca. 35 Min. +
ca. 60 Min. Garzeit

1 Dose Bier (0,5 l)
je 1 TL Honig, Senf und Paprikapulver
4 Zweige Thymian
2–3 Knoblauchzehen
1 Maishähnchen (ca. 1 kg)
Salz, Pfeffer
400 g vorgekochte Kartoffeln
6 Stangen grüner Spargel
250 g kleine Tomaten
1 TL grobes Salz
1 TL brauner Zucker
1 TL Chiliflocken
½ TL geräuchertes Paprikapulver
1 EL Akazienhonig

1. Den Grill für indirekte mittlere Hitze (160–180°) vorbereiten. Die Bierdose mit Alufolie umwickeln. 100 ml Bier aus der Dose in eine Schüssel geben und mit Honig, Senf sowie Paprikapulver gründlich vermischen. Den ungeschälten Knoblauch grob zerkleinern, Thymian zerrupfen und beides in die Bierdose geben.
2. Hähnchen innen und außen gut mit dem Bier-Honig-Mix einstreichen und kräftig mit Salz und Pfeffer würzen. Auf die geöffnete Dose in eine Grillschale setzen (alternativ die Dose in einem speziellen Grillhalter fixieren).
3. Das Hähnchen auf den vorbereiteten Grill stellen und mit geschlossenem Deckel ca. 35 Min. grillen. Dabei verdampft das Bier mit den Kräutern in der Dose und sorgt so für ein durchdringendes Aroma.
4. Währenddessen die Kartoffeln in dünne Spalten schneiden. Spargel und Tomaten waschen, den Spargel in schräge Stücke schneiden. Alles vermengen, salzen und pfeffern.
5. In einem Schälchen grobes Salz, braunen Zucker, Chiliflocken und geräuchertes Paprikapulver vermengen.
6. Wenn das Hähnchen ca. 40 Min. auf dem Grill ist, das Gemüse rundherum verteilen. Das Hähnchen mit Honig einstreichen und gleichmäßig mit der Würzmischung bestreuen. Alles weitere ca. 20 Min. fertig garen.

Wolfsbarsch in der Salzkruste gegart

Für 4 Portionen
Zubereitungszeit:
ca. 20 Min. +
ca. 35 Min. Garzeit

Für den Wolfbarsch:
1 Wolfsbarsch (ca. 2 kg)
3 Zweige Thymian
2 Zweige Rosmarin
2–3 Zweige Petersilie
1 Bio-Zitrone
2–3 Lorbeerblätter
2 kg grobkörniges Meersalz
4–5 flüssige Eiweiße
1–2 EL Chiliflocken
50 g Mehl

Für den Sommersalat:
100 g Rucola
12–16 kleine reife Tomaten
1 Gurke
4 EL Olivenöl
2 EL Aceto balsamico
Salz, Pfeffer

1. Den Backofen auf 200° (Ober-/Unterhitze) vorheizen. Die Kräuter abbrausen und trocken schütteln. Die Zitrone heiß abwaschen und in Scheiben schneiden. Den Wolfsbarsch innen und außen kalt abbrausen, trocken tupfen und die Bauchöffnung dann mit den Kräutern, Zitronenscheiben und Lorbeerblättern füllen.

2. Das grobe Meersalz mit Eiweißen, Chiliflocken und Mehl mischen. ⅓ davon auf ein mit Backpapier belegtes Backblech verteilen. Den Wolfsbarsch darauflegen und den Fisch dann mit der restlichen Salzmischung vollständig bedecken. Das Blech in den Ofen schieben und den Fisch darin ca. 35 Min. garen.

3. Für den Sommersalat den Rucola waschen und trocken schleudern. Die Tomaten halbieren, die Gurke schälen und in Scheiben schneiden. Alles in eine Schüssel geben, Olivenöl und Balsamico zufügen, mit Salz und Pfeffer würzen und alles locker vermengen.

4. Das Blech mit dem Fisch aus dem Ofen nehmen, die Salzkruste aufklopfen und vorsichtig die Haut vom Fisch lösen. Das Fischfleisch mit einer Palette von den Gräten heben und mit dem Salat servieren. Dazu schmeckt Baguette.

Der Wolfsbarsch wurde im Kochstudio in Guldental für die TV-Sendung »Genuss auf Italienisch« produziert. Es war eine Katastrophe, der Fisch wollte und wollte nicht gelingen. Das Problem damals war: Es gab noch keine Möglichkeit, die Temperatur im Inneren des Fisches zu überprüfen. Mit einem Nadelthermometer ist das heute zum Glück kein Problem mehr.

Haselnussschmarrn mit Preiselbeeren, aber ohne Vanille

Für 4 Portionen
Zubereitungszeit:
ca. 35 Min. +
ca. 12 Min. Backzeit

100 g fein gemahlene Haselnüsse
4 Eier (Größe M)
Salz
100 g Zucker
50 g Mehl
50 g Crème fraîche
75 ml Milch
30 g Butterschmalz
50 g Puderzucker (+ Puderzucker zum Bestäuben)
50 g Butter
200 g Preiselbeeren (aus dem Glas)

1. Die gemahlenen Haselnüsse ohne Fett bei mittlerer Hitze in einer Pfanne goldbraun rösten.
2. Den Backofen auf 200° (Ober-/Unterhitze) vorheizen. Die Eier trennen. Die Eiweiße mit 1 Prise Salz zu steifem Schnee schlagen. Dabei nach und nach ca. 50 g Zucker einrieseln lassen.
3. Die Eigelbe mit dem Mehl, den gerösteten Haselnüssen, dem restlichen Zucker, Crème fraîche und Milch glatt rühren. Zum Schluss behutsam den Eischnee unterheben.
4. Das Butterschmalz in einer großen Pfanne erhitzen, den Teig hineingießen und die Pfanne in den Ofen schieben. Wenn der Pfannkuchen nach ca. 6 Min. an der Oberfläche gestockt ist, wird er gewendet.
5. Nach weiteren ca. 6 Min., der Teig ist jetzt schön aufgegangen und hat eine goldbraune Farbe, den Pfannkuchen aus dem Ofen nehmen und mit zwei Gabeln in Stücke reißen. Mit Puderzucker bestäuben und mit der Butter in der Pfanne auf dem Herd unter gelegentlichem Wenden leicht karamellisieren.
6. Den fertigen Schmarrn mit Puderzucker bestäuben und mit Preiselbeeren servieren.

Haselnussschmarrn mit Preiselbeeren, aber ohne Vanille

Frank Elstner, der legendäre Fernsehmoderator, war Gast bei »Lafer! Lichter! Lecker!« und sollte mit Johann einen Haselnussschmarrn zubereiten. Frank kratzte das Mark aus der Schote, warf es in den Abfalleimer und zerkleinerte die Schote mit dem Messer. Das Gelächter im Studio war groß. Johann versuchte zu retten und holte das Mark wieder aus dem Müll. Vor lauter Lachen kamen ihm die Tränen und als er sie sich mit der Hand wegwischen wollte, klebte die Vanille am Auge. Also: Schmarrn ohne Vanille.

Bei einer TV-Backsendung verblüffte ein Bäcker Johann Lafer mit perfekten Windbeuteln. Er verriet dann auch das Geheimnis der Herstellung. Doch bei Johann wollte das Rezept partout nicht gelingen. Des Rätsels Lösung fand sich bald: Der Bäcker hatte sich einer Fertigbackmischung bedient, die Zutaten enthielt, die Johann nie verwendet hätte. Halten Sie sich also an das Rezept, wie es hier beschrieben ist. Dann klappt es auch.

Gefüllte Windbeutel mit Vanillesahne und Kirschragout

Für 12 Stück
Zubereitungszeit:
ca. 45 Min. +
ca. 20 Min. Backzeit

Für die Windbeutel:
100 g Butter
Salz
200 g Mehl
4 Eier (Größe M)

Außerdem:
250 g Sauerkirschen (aus dem Glas)
100 g Zucker
2 TL Speisestärke
1–2 EL Kirschgeist
300 g Sahne
Mark von 1 Vanilleschote
Puderzucker

1. Butter mit 250 ml Wasser und 1 Prise Salz in einem Topf unter Rühren aufkochen. Mehl auf einmal unter ständigem Rühren in die kochende Flüssigkeit geben und so lange weiterrühren, bis sich der Teig als Kloß vom Topfboden löst.
2. Den Teig in eine Schüssel umfüllen und etwas abkühlen lassen. Nach und nach die Eier unterrühren, bis der Teig seidig glänzt und keine Klümpchen mehr hat.
3. Den Backofen auf 220° (Ober-/Unterhitze) vorheizen. Ein Blech mit Backpapier auslegen. Den Teig in einen Spritzbeutel mit großer Sterntülle füllen und 6–7 cm große runde Rosetten auf das Blech spritzen. Die Windbeutel im Ofen ca. 20 Min. goldbraun backen. Herausnehmen und auf einem Kuchengitter abkühlen lassen.
4. Die Kirschen abgießen, dabei den Saft auffangen und mit 50 g Zucker in einem kleinen Topf aufkochen. Die Stärke mit dem Kirschgeist anrühren, zugeben und alles dickflüssig einkochen. Kirschen untermischen, abkühlen lassen.
5. Sahne mit restlichem Zucker und Vanillemark steif schlagen. In einen Spritzbeutel mit großer Sterntülle füllen.
6. Die Windbeutel waagerecht halbieren. Etwas Vanillesahne auf die unteren Hälften spritzen, je 1 Klecks Kirschragout daraufgeben und noch einmal Sahne aufspritzen. Die zweiten Hälften obenauf setzen und Puderzucker aufstäuben.

Crêpes Suzette

Für 4 Portionen
Zubereitungszeit:
ca. 60 Min.

Für die Crêpes:
500 ml Milch
250 g Mehl
6 Eier (Größe M)
Salz
Mark von 1 Vanilleschote
abgeriebene Schale
von 1 Bio-Zitrone
50 g flüssige Butter
Butterschmalz

Außerdem:
5 Bio-Orangen
1 Bio-Zitrone
100 g Würfelzucker
30 g Butter
50 g eiskalte Butter
(in Flöckchen)
75 ml Orangenlikör
(z. B. Grand Marnier)

1. Für die Crêpes Milch mit Mehl, Eiern, 1 Prise Salz, Vanillemark und Zitronenschale in einem hohen Mixbecher mit dem Stabmixer zu einem glatten Teig mixen, dabei nach und nach die handwarme flüssige Butter dazugießen. Den Teig zugedeckt ca. 30 Min. ruhen lassen.
2. Eine beschichtete Pfanne (ca. 20 cm Ø) mit wenig Butterschmalz ausreiben und erhitzen. Eine kleine Portion Teig hineingeben, durch Schwenken der Pfanne gleichmäßig darin verteilen und auf beiden Seiten zu einer hauchdünnen Crêpe backen. Für jede weitere Crêpe erst den Teig in die Pfanne geben, dann den Pfannenrand mit Butterschmalz einpinseln. Fertige Crêpes zwischen Backpapier schichten.
3. Orangen und Zitrone heiß waschen und abtrocknen. Mit dem Würfelzucker die Schale von 4 Orangen und der Zitrone abreiben (der Zucker nimmt das Zitrusaroma an). Von der fünften Orange feine Schalenstreifen abziehen.
4. Die Zitrone und 2 Orangen auspressen. Die übrigen 3 Orangen dick schälen und mit einem scharfen Messer die Filets auslösen.
5. In einer breiten Pfanne die aromatisierten Würfelzucker mit der Butter hell karamellisieren. Orangen- und Zitronensaft sowie die Schalenstreifen unterrühren und alles auf ein Drittel einkochen. Mit der eiskalten Butter binden.
6. Die Crêpes in der Sauce wenden, zweimal falten und mit den Orangenfilets füllen. Zum Flambieren den Orangenlikör in einem kleinen Pfännchen erwärmen, anzünden und über die heißen Crêpes gießen. Dazu passt Vanilleeis.

6.
Immer wieder was Neues

Vom Fliegen, Reisen und Unterrichten

Inzwischen war aus dem Unternehmen Lafer ein kleines Imperium geworden. Rastlos war Johann auf der Suche nach immer neuen Ideen für sein Geschäft. Spitzengastronomie, so wie Johann sie versteht, ist extrem teuer und aufwendig. Schon der kleinste Fehler kann zu großen Verlusten führen. Aber für die Vermarktung und das Image ist ein Sternerestaurant natürlich enorm wichtig. Man muss auch zeigen können, was man kann.

Neben der Stromburg war Platz genug für einen Hubschrauberlandeplatz und manche Gäste kamen tatsächlich mit dem eigenen Helikopter zum Essen ins »Val d'Or«. Und fliegen, mit einem eigenen Flugzeug, das war ein Lebenstraum, den auch Johann sich gerne erfüllen wollte. Warum nicht das Angenehme mit dem Nützlichen verbinden, dachte er sich. Das Abenteuer »Heli Gourmet« begann.

Nachdem Johann im Jahr 2000 den Flugschein für Hubschrauber gemacht hatte, ging es los. Erst mit einem, dann mit zwei Helikoptern, die im typischen Laferblau schon von Weitem gut zu erkennen waren.

Ganz in der Nähe der Stromburg befindet sich das Weltkulturerbe Mittelrheintal. Dort, hoch über dem Rhein, pachtete Johann von einem Winzer einen Landeplatz für seine Hubschrauber und konnte nun ein einmaliges Erlebnis anbieten: ein Menü mit Blick auf das Rheintal und die Stadt Bacharach. Man konnte meinen, man befände sich in der Minitaurlandschaft einer Modelleisenbahn. Dieses einmalige Erlebnis war der absolute Renner und ständig ausgebucht.

Die Kochevents für berühmte Persönlichkeiten und bekannte Organisationen und Firmen nahmen einen weiten Platz in den Laferschen Aktivitäten ein. Im Juni 1999 fand in Köln ein Wirtschaftsgipfel der acht wichtigsten Industrienationen statt. Johann wurde gebeten, für die Ehefrauen und Partnerinnen der Staatschefs ein sogenanntes Damenprogramm auszurichten. Wieder kam das Weltkulturerbe Mittleres Rheintal zum Zuge. Die Damen, angeführt von Doris Schröder-Köpf, der damaligen Ehefrau des deutschen Regierungschefs Gerhard Schröder, fuhren mit dem Schiff den Rhein hinauf und genossen bei einem vorzüglichen Menü den einzigartigen Blick auf das Rheintal. Die Gattin des britischen Premierministers Toni Blair, Hillary Clinton oder Bernadette Chirac fanden das »amazing and outstanding«. Das war es auch und Deutschland zeigte sich von seiner besten Seite.

Im Hause Lafer war immer eine Menge los, aber gelegentlich musste es auch eine Auszeit geben. Johann und Silvia sind immer gerne gereist. Für sie war und ist es wichtig, ihren Horizont zu erweitern und fremde Kulturen kennenzulernen. Für einen Koch eine unglaubliche Möglichkeit, neue kulinarische Ideen zu bekommen, sich mit bis dahin ungekannten Gewürzen und Produkten vertraut zu machen und die neuen Erfahrungen in die heimische Küche einfließen zu lassen. Und so wurden Jahr für Jahr umfangreiche Reisen unternommen, nach Afrika, Südamerika und vor allem nach Asien. Johann war einer der Ersten, der mit den Gewürzen und Geschmacksnoten der asiatischen Küche experimentierte. Mit großem Erfolg.

Pilot aus Leidenschaft! Dank Johanns Idee »Heli Gourmet« lassen sich beide Passionen vereinen: Erst fliegen die Gäste über wundervolle Destinationen, dann wird genussvoll gespeist.

Auf einer Asienreise lernte Johann den malaysischen Koch Wai Look Chow kennen. Sie verstanden sich auf Anhieb und beschlossen eine kulinarische Kooperation. Ihr Wissen aus verschiedenen Welten sollte in einem gemeinsamen Kochbuch vereinigt werden. Gesagt, getan: Es entstand das Werk »Two friends – one cuisine/Zwei Freunde – eine Küche«, in dem Wais Kompositionen von österreichisch-deutschen Einflüssen und Johanns durch die Küche Asiens inspiriert sind. Die Mühe hat sich gelohnt, 2014 wurde das Buch in Peking mit dem »Oscar« der Kochbücher, dem »Gourmand World Cookbook Award«, ausgezeichnet. Das Buch bekam dann noch den »Special Award of the Jury« für die besonders gelungene Aufmachung.

Chef Wai beschrieb die Idee zu dem Buch folgendermaßen: »Johann und ich kennen uns länger als zehn Jahre. Wir reisen viel, inspirieren uns gegenseitig und entwickeln unsere Küchen weiter. Die Auszeichnung zeigt, dass Weinberge und Rhabarber sehr gut zu Reisplantagen und Kokosblättern passen.« Und Johann ergänzte: »Wenn man wie ich aus einem Dorf in der Steiermark kommt und in Peking ausgezeichnet wird, ist das eine Bestätigung für mich, dass Chef Wai und ich es richtig gemacht haben. Harmonie in Küche und Kultur ist über Kontinente hinweg machbar.« Wahre Worte in einer Welt, die immer enger zusammenwächst.

Die Kochschule

Wie immer im Leben kommt irgendwann eine Zeit des Nachdenkens. Johann war ein Getriebener, ständig unterwegs zwischen TV-Aufzeichnungen, Sponsorenterminen und Interviews. Wer auf die Stromburg kam, wollte aber nicht nur Johanns Kochkünste genießen, sondern den Meister auch persönlich erleben. Damit er bei seinen Gästen präsent sein konnte, flog er also am Abend nach Guldental, war aber am nächsten Morgen schon ganz früh wieder auf Achse.

Es wurde alles viel zu viel, der Stress war unerträglich. Johann wusste, dass er das nicht mehr lange durchhalten würde, und zog die Reißleine. Die Stromburg und alles, was damit zusammenhing, wurde 2019 aufgegeben und an einen Investor verkauft. Endlich frei sein für die Dinge, die man schon immer mal machen wollte.

Aber Johann tickt anders. Es ein bisschen ruhiger angehen zu lassen, ist zwar das Ziel, aber es dann auch so umzusetzen, ist eine andere Geschichte. Er hatte in Guldental, da wo »alles« angefangen hatte, bereits vor Jahren ein altes Gebäude aus dem Besitz der Familie zu einem Kochstudio umgebaut, in dem auch Fernsehsendungen produziert werden konnten – allerdings nur zu erschwerten Bedingungen. Vor dem Studio lag eine stark befahrene Straße und hinter dem Haus sorgte regelmäßig der Bahnverkehr für eine unüberhörbare Geräuschkulisse. Ständig mussten Aufzeichnungen unterbrochen werden und erst wenn es wieder ruhig war, ging es weiter. Auf Dauer ein unhaltbarer Zustand. Nachdem das »Val d'Or« auf der Stromburg eine neue Heimat gefunden hatte, war es naheliegend, ebendort neben einer Kochschule gleich auch noch ein TV-Studio in den alten Räumlichkeiten unterzubringen. Gesagt, getan. Heute befindet sich hier eines der modernsten Fernseh-Kochstudios Deutschlands. Es wird oft und gerne genutzt für Filmaufnahmen oder Fotoshootings.

Woher kam die Idee für eine eigene Kochschule? Bei der in 3sat ausgestrahlten Kochshow »Genießen auf gut deutsch« konnte man sich als Johanns Assistent bewerben. Das Echo war gigantisch. Mehr als 800 Anfragen gingen jeden Monat ein. »Wenn so viele Leute mit mir kochen wollen, könnte man daraus doch auch ein Geschäft machen«, dachte sich Johann. Es musste ja nicht immer eine Fernsehkamera dabei sein. Und wieder gab es eine unglaubliche Resonanz: Mehr als 10 000 Hobbyköche wollten sich von Johann in den Feinheiten der Kochkunst auf höchstem Niveau unterrichten lassen. Der harte Kern dieser Lafer-Jünger sind die sogenannten Members, etwa 150 Mitglieder, eine seit Jahren eingeschworene Gemeinschaft von Genussenthusiasten. Sie unternehmen kulinarische Reisen um die halbe Welt, sie kochen und genießen regelmäßig gemeinsam und, was Johann besonders wichtig ist, sie sind seine schärfsten Kritiker. Hier muss niemand ein Blatt vor den Mund nehmen, offene Worte sind erwünscht. Jeder Mensch sollte ein Regulativ haben. Bei Johann sind es, neben Silvia, diese Members, zumindest wenn es um die schönste Nebensache der Welt geht: den Genuss.

Die Errichtung eines eigenen Kochstudios mit angeschlossener TV-Ausstattung hat sich inzwischen als echter Glücksgriff erwiesen. Während der Coronapandemie 2019 bis 2021 konnte Johann von hier aus seine Kurse professionell online anbieten. Auch seine täglichen Postings auf Social-Media-Kanälen wie YouTube, Instagram oder TikTok werden zum Teil hier produziert und sehr gut ange-

Reisen nach Asien – ob privat oder wie hier als Gastkoch im Luxushotel »Raffles« in Singapur – inspirieren Johann und prägen seinen Stil.

nommen. Viele Tausend Follower sehen sich täglich an, was es Neues und Interessantes aus der Laferschen Küche zu vermelden gibt, und ich gestehe: Auch ich bin ein Fan. Es lohnt sich wirklich, mal hineinzuschauen. Jeden Tag gibt es Tipps und Tricks, wie man auch einfachen Speisen den letzten Schliff geben kann. Eine Kochausbildung braucht es dafür nicht. Man muss nur gerne am Herd stehen.

Das Studio in Guldental soll aber noch einen besonderen Zweck erfüllen. Seit Jahren bemüht sich Johann, junge Menschen für einen gastronomischen Beruf zu begeistern. Es fehlen in allen Bereichen des Gastgewerbes unzählige Fachkräfte. Mancher Betrieb musste bereits aufgegeben werden, weil kein Personal zu bekommen war. Daher würde Johann das Studio gerne als Online-Weiterbildungsmöglichkeit für junge Köche sehen. Sein in Jahrzehnten angehäuftes Wissen möchte er gerne an den Nachwuchs weitergeben. Aber das ist leichter gesagt als getan.

Die INTERNORGA in Hamburg ist Deutschlands größte Fachmesse für die Gastronomie. Vor ein paar Jahren fragte mich Johann, ob ich nicht Lust hätte, ihn bei einem Wettbewerb für junge Köche zu unterstützen. Er hatte mithilfe der Hamburg Messe und Congress GmbH den »Next Chef Award« ins Leben gerufen. Das Prinzip war relativ einfach: Jungköche und -köchinnen aus dem deutschsprachigen Raum konnten sich nach erfolgtem Berufsabschluss in Hamburg bewerben und ins Rennen um den nächsten besten Chef gehen. Eine Fachjury aus prominenten Köchen und Fachleuten aus der Gastronomie sorgte für eine Vorauswahl und stand auch beim Wettbewerb zur Verfügung.

2016 lief der erste Wettbewerb. Eine Messehalle wurde eigens umgebaut und lieferte den ansprechenden professionellen Rahmen. Die jungen Aspiranten bekamen die Aufgabe, vor Publikum ein vorgegebenes Gericht zu zaubern. Dafür stand jedem ein gut gefüllter Warenkorb mit den entsprechenden Zutaten seiner Wahl zur Verfügung. Nach genau einer Stunde wurde das Resultat vor Publikum von der Fachjury bewertet. In drei Tagen fanden jeweils zwei Durchläufe statt. Die Sieger, insgesamt sechs an der Zahl, mussten sich dann am vierten Tag noch einmal untereinander messen. Es gab natürlich auch veritable Preise zu gewinnen: In einem Jahr hatte der Sieger die Möglichkeit, sein eigenes Kochbuch in einem führenden Fachverlag herauszubringen. Ein anderes Mal wartete der Hauptpreis mit einer Reise nach Bangkok und einem Praktikum im weltberühmten »Mandarin Oriental« auf, dann wieder stand eine Kreuzfahrt mit einem eigenen Abend im Spitzenrestaurant der »MS Europa« auf der Gewinnliste. Selbstverständlich gingen auch die Nachplatzierten nicht leer aus, sondern wurden ebenfalls mit wertvollen Preisen bedacht. Leider fand auch diese Veranstaltung mit Beginn der Coronaeinschränkungen ein Ende.

Ob der »Next Chef Award« geholfen hat, junge Leute für den Kochberuf zu begeistern, wissen wir leider nicht. Johann aber wird auf jeden Fall weiter unermüdlich dafür werben. Denn für ihn ist es der schönste Beruf der Welt.

2018 gewann Marianus von Hörsten den »Next Chef Award«. Im Jahr zuvor war er bereits als bester Jungkoch der Welt ausgezeichnet worden.

Zur Expo 2000, der internationalen Weltausstellung in Hannover, wurde Johann Lafer gebeten, die Steiermark kulinarisch zu präsentieren, und es entstand das Restaurant »Steiermark à la Lafer«. Die Gaststätte auf dem Messegelände wurde ein durchschlagender Erfolg, Johann erwies sich mit seinen Kreationen moderner steirischer Küche als ein wahrer Botschafter seiner Heimat.

Tafelspitzsülze mit Schnittlauchschmand

Für 8–12 kleine Portionen
Zubereitungszeit:
ca. 35 Min. +
ca. 3 Std. Garzeit +
ca. 4 Std. Kühlzeit

Für die Sülze:
1 kg Tafelspitz
250 g grob gewürfeltes Wurzelgemüse (z. B. Möhren, Knollensellerie, Petersilienwurzel)
2 Lorbeerblätter
2 Zweige Liebstöckel
10 schwarze Pfefferkörner
Salz
geriebene Muskatnuss
8 Blatt Gelatine
2–3 mittelgroße Möhren
100 g Petersilienwurzeln
1 Stange Staudensellerie

Außerdem:
250 g Schmand
75 ml Milch
Saft von ½ Zitrone
2 Bund Schnittlauch
Salz, Pfeffer
etwas Salat, feine Radieschen- und Gurkenscheiben

1. Tafelspitz mit dem gewürfelten Wurzelgemüse, Lorbeer, Liebstöckel, Pfefferkörnern und 1 EL Salz in einen Topf geben, mit kaltem Wasser auffüllen und zum Kochen bringen. Die Hitze reduzieren und das Fleisch bei milder Hitze ca. 3 Std. zugedeckt köcheln lassen, bis es weich ist. Herausnehmen, auskühlen lassen und in kleine Würfel schneiden.
2. Die Brühe durch ein feines Sieb in einen anderen Topf gießen, um die Hälfte einkochen lassen und mit Salz und Muskatnuss kräftig abschmecken.
3. Gelatine ca. 5 Min. in kaltem Wasser einweichen, dann ausdrücken und in dem warmen Tafelspitzfond auflösen. Möhren, Petersilienwurzeln und Staudensellerie schälen, in ca. 5 mm kleine Würfel schneiden und in kochendem Salzwasser 2–3 Min. blanchieren. Kalt abschrecken und mit den Fleischwürfeln mischen.
4. Den Tafelspitz-Gemüse-Mix in kleine spitze Förmchen (ca. 7 cm hoch und 5 cm breit; ersatzweise kleine Gläser in ähnlicher Größe) füllen. Bis zum Rand mit Fond auffüllen und die Förmchen ca. 4 Std. in den Kühlschrank stellen.
5. Inzwischen den Schmand mit Milch und Zitronensaft glatt rühren. Den Schnittlauch in kleine Röllchen schneiden und untermischen. Mit Salz und Pfeffer abschmecken.
6. Die Sülze aus den Förmchen stürzen und mit Schnittlauchschmand und etwas Salat sowie einigen Radieschen- und Gurkenscheiben anrichten.

Rehrücken mit Pistazienkruste, Selleriecreme und eingelegten Sauerkirschen

Für 4–6 Portionen
Zubereitungszeit:
ca. 60 Min. +
ca. 15 Min. Garzeit +
2–3 Tage zum Einlegen der Kirschen

Für die Sauerkirschen:
400 g frische Sauerkirschen
250 ml Rotwein
100 ml roter Portwein
100 ml Orangensaft
3 EL Honig

Für das Selleriepüree:
400 g Sellerie
250 ml Geflügelbrühe
100 g Butter
Salz, Pfeffer
geriebene Muskatnuss

1. Die Sauerkirschen waschen, abtropfen lassen und in ein Einmachglas geben. Rot- und Portwein mit Orangensaft und Honig aufkochen und kochend heiß darübergießen. Das Glas luftdicht verschließen und mind. 2–3 Tage in den Kühlschrank stellen.
2. Für das Püree den Sellerie schälen und würfeln. Die Brühe aufkochen, die Selleriewürfel hineingeben und zugedeckt ca. 15 Min. weich kochen. Danach die Flüssigkeit abgießen und den Sellerie im Mixer mit der Butter fein pürieren. Mit Salz, Pfeffer und Muskatnuss würzen. Warm halten.
3. Für die Pistazienkruste das Toastbrot würfeln und mit Pistazien im Multizerkleinerer oder der Küchenmaschine fein mahlen. Butter cremig rühren und den Brot-Pistazien-Mix untermischen. Die Masse salzen und pfeffern.
4. Den Backofen auf 160° (Ober-/Unterhitze) vorheizen. Den Rehrücken rundum salzen und pfeffern und mit Rosmarin, Thymian und angedrücktem Wacholder in heißem Butterschmalz rundum ca. 3 Min. anbraten. Das Fleisch auf ein Backblech geben und im Ofen ca. 10 Min. rosa garen.

Fortsetzung nächste Seite

Für den Rehrücken:
1 Scheibe Toastbrot
100 g geschälte Pistazienkerne
80 g weiche Butter
Salz, Pfeffer
700 g Rehrückenfilet (ohne Haut und Sehnen)
30 g Butterschmalz
2 Zweige Rosmarin
1 Zweig Thymian
4–5 Wacholderbeeren
200 ml Wildfond
2 TL Speisestärke
30 g kalte Butter

5. Derweil die eingelegten Kirschen durch ein Sieb abgießen (Sud auffangen). Den Bratansatz in der Pfanne mit Wildfond ablöschen und mit ca. 150 ml vom Kirschsud aufgießen. Das Ganze auf ca. 200 ml einkochen lassen. Die Stärke mit etwas Wasser anrühren und die Sauce damit binden. Die kalte Butter einmontieren, 150 g eingelegte Kirschen untermischen und die Sauce abschmecken.
6. Den Backofengrill auf höchste Stufe vorheizen. Das Filet gleichmäßig ca. 5 mm dick mit der Pistazienmasse bestreichen und unter dem Backofengrill 2–3 Min. goldbraun überbacken. Das Fleisch anschließend kurz ruhen lassen, dann aufschneiden und mit Selleriepüree, Sauce und den restlichen Sauerkirschen servieren.

Eines Abends wurde in der Stromburg für den nächsten Tag eine Delegation aus Saudi-Arabien angekündigt, alles unter höchster Geheimhaltung und mit diversen Sonderwünschen. Ein Team der Gäste kam kurzfristig, um alles zu organisieren. Kurz darauf fuhren mehrere Staatslimousinen vor und die saudische Regierungsorganisation unter Leitung eines älteren Herrn, dessen Name nicht genannt werden durfte, kam auf die Burg. Auf die Frage, was die Herrschaften denn wünschten, wurde Johann mitgeteilt: »Stilles Wasser und Buttermilch.« Buttermilch war gerade nicht da, also fuhr ein Küchenjunge in den nächsten Supermarkt, um das Gewünschte zu besorgen. Nach Aussage eines Begleiters durfte der alte Herr keine scharfen Lebensmittel zu sich nehmen, was ihn aber nicht davon abhielt, Essig und Tabasco in die Buttermilch zu kippen. Na, das ging ja gut los.

Gegessen werden durfte erst, wenn der alte Herr seinen ersten Bissen zu sich genommen hatte. Alle warteten brav. Dem Alten war aber der Salat als Hauptspeise nicht schmackhaft genug, also ging alles zurück in die Küche. Dann wollte er eine kalte Consommé, die nicht kalt genug war. Also zurück. Johann verstand die Welt nicht mehr. Dann wurde Rehrücken geordert, »well done«. Johann sträubten sich die Nackenhaare, aber keine Chance, es sollte so sein. Der Ofen wurde auf 300 Grad erhitzt und rein damit. Als alles angerichtet war, kam ein Vorkoster und befand, das Fleisch sei noch nicht durchgebraten genug. Johann wurde langsam sauer und er wies seine Küchencrew an, das Fleisch in der Fritteuse so durchzubraten, »dass der mit seinem Maybach drüberfahren kann«. Gesagt, getan. Am Ende war der ältere Herr voll des Lobes und verabschiedete sich mit den Worten: »It was great, you are a very good chef, you are a great chef.«

Johann dachte natürlich, das Ganze wäre ein Scherz mit der versteckten Kamera. Aber weit gefehlt, die meinten es ernst und sprachen gleich noch eine Einladung nach Saudi-Arabien aus. Das Rezept sehen Sie hier, aber bitte nur so zubereiten, wie es da steht, die Schuhsohle überlassen wir anderen.

Steirisches Almochsenfilet mit Pfefferkruste und Brunnenkressepüree

Für 8–10 Portionen
Zubereitungszeit:
ca. 45 Min. +
ca. 45 Min. Garzeit

Für Fleisch, Sauce und Kruste:
5 mittelgroße rote Zwiebeln
1 kg Almochsenfilet (küchenfertig; am besten vom Mittelstück)
25 g Butterschmalz
je 4 Zweige Thymian und Rosmarin
2–3 Knoblauchzehen
150 ml dunkler Rotwein
500 ml kräftiger Rinderfond
1–2 TL Stärke
50 g kalte Butter
2–3 EL schwarze Pfefferkörner (am besten ein Mix verschiedener Sorten)
3 Scheiben Toastbrot
80 g weiche Butter
1–2 TL brauner Zucker

1. Den Backofen auf 130° (Ober-/Unterhitze) vorheizen. Die Zwiebeln schälen und halbieren. In einer großen Pfanne das Butterschmalz erhitzen und das Filet mit den halbierten Zwiebeln darin von allen Seiten anbraten. Thymian, Rosmarin und ungeschälten, aber angedrückten Knoblauch zugeben. Alles auf dem Backblech verteilen und im Ofen ca. 35 Min. langsam garen. Das Filet gelegentlich wenden.
2. Den Bratensatz in der Pfanne mit Rotwein ablöschen, mit Rinderfond auffüllen und die Flüssigkeit dann auf ca. 200 ml einkochen lassen. Die Stärke mit etwas kaltem Wasser anrühren und die Sauce damit leicht binden. Die kalte Butter einmontieren.
3. Die Pfefferkörner im Mörser fein zerstoßen. Das Toastbrot fein mahlen. Die weiche Butter schaumig schlagen. Zunächst den Pfeffer und den Zucker, dann das gemahlene Brot gründlich untermischen.
4. Für das Püree die Kartoffeln schälen, in Stücke schneiden und in Salzwasser ca. 30 Min. weich kochen. Inzwischen die Butter schmelzen und etwas abkühlen lassen. Brunnenkresse und Petersilie abbrausen, trocken schütteln, abzupfen und mit der flüssigen Butter in einem Mixer fein pürieren (etwas Kresse für die Deko zurückbehalten). Die Kartoffeln noch heiß durch eine Presse drücken. Die Milch aufkochen,

Für das Püree:
600 g mehligkochende Kartoffeln
Salz
100 g Butter
1 Bund Brunnenkresse
1 Bund Petersilie
150 ml Milch
geriebene Muskatnuss

Außerdem:
Krese (nach Belieben)

zu den Kartoffeln gießen und unterrühren. Mit Salz und Muskatnuss abschmecken und zum Schluss die Brunnenkressebutter unterrühren. Warm halten.

5. Das Filet aus dem Ofen nehmen. Den Backofengrill auf höchste Stufe vorheizen. Den Pfeffer-Brot-Mix gleichmäßig ca. 5 mm dick auf dem Filet verteilen. Das Fleisch zurück in den Ofen geben und unter dem Backofengrill ca. 4 Min. gratinieren. anschließend kurz ruhen lassen, dann in ca. 2 cm dicke Stücke schneiden und mit dem Püree auf Teller anrichten. Nach Belieben mit Kresse bestreuen und mit etwas Bratenjus und mit je ½ roter Zwiebel servieren.

Beim Ball des Sports 2003 mussten mehr als 2000 Menschen bewirtet werden. Ehrengast war der damalige Bundeskanzler Gerhard Schröder. Die Frankfurter Rundschau schrieb: »Steirischer Almochse für deutschen Bundeskanzler.«

1992 bat der damalige Bundesaußenminister Klaus Kinkel Johann, das Festbankett der UN-Vollversammlung in New York auszurichten – mit deutschen Spezialitäten in moderner Form. Eine große Ehre! Hunsrückgockel in Spätburgunder ist nichts anderes als Coq au vin auf Deutsch. Nach dem Dinner lobte der Premierminister von Namibia, Hage Geingob, Johann: »Your Dinner tonight was outstanding!« Und er bat ihn, nach Namibia zu kommen, um dort zu kochen. Leider kam der Besuch nie zustande.

Hunsrücker Hahn in Spätburgunder

Für 4–6 Portionen
Zubereitungszeit:
ca. 40 Min. +
ca. 1 Std. Schmorzeit

2 Hähnchen (à ca. 1 kg)
Salz, Pfeffer
Mehl
10 kleine Zwiebeln
3–4 Knoblauchzehen
30 g Butterschmalz
4–5 Zweige Thymian
1–2 EL Tomatenmark
750 ml kräftiger Spätburgunder
200 ml kräftige Geflügelbrühe
3–4 Lorbeerblätter
1–2 TL Speisestärke
75 g kalte Butter (in Flöckchen)
30 g Butterschmalz
12–16 kleine Champignonköpfe
150 g Speckstreifen

1. Die Hähnchen kalt abbrausen und trocken tupfen. Die Brüste herunterschneiden, die Keulen ab- und am Gelenk durchtrennen. Alle Stücke mit Salz und Pfeffer würzen und leicht mit Mehl bestäuben. Die Zwiebeln schälen und der Länge nach halbieren. Knoblauch schälen und andrücken.
2. Den Backofen auf 180° (Ober-/Unterhitze) vorheizen. Das Butterschmalz in einem breiten Schmortopf erhitzen und die Hähnchenstücke mit Thymian und Knoblauch darin 4–5 Min. kräftig von allen Seiten anbraten.
3. Die Geflügelteile herausnehmen, dafür die Zwiebeln in den Topf geben und kurz anrösten. Tomatenmark einrühren und mit Spätburgunder ablöschen. Brühe angießen, die gebratenen Hähnchenstücke in die Flüssigkeit legen, Lorbeer zufügen. Das Ganze einmal aufkochen lassen, den Bräter dann auf dem Boden des Ofens stellen und das Hähnchen zugedeckt ca. 1 Std. schmoren.
4. Die Hähnchenteile aus dem Topf nehmen und warm halten. Die Kräuter entfernen. Die Schmorflüssigkeit durch ein feines Sieb passieren und 10–15 Min. um die Hälfte einkochen. Stärke mit etwas kaltem Wasser anrühren und die Sauce damit leicht binden. Salzen, pfeffern und zum Schluss noch die Butterflöckchen einrühren.
5. Champignonköpfe und Speck 3–4 Min. in Butterschmalz anbraten und über das geschmorte Hähnchen geben.

Gebratener Steinbutt mit Spargel, Morcheln und Beurre Blanc

Für 4 Portionen
Zubereitungszeit:
ca. 60 Min.

Für den Spargel:
600 g weißer Spargel
Salz, Zucker
50 g Butter, Pfeffer

Für Fisch und Morcheln:
250 g frische Morcheln
1 Schalotte
4 dicke Steinbuttfilets
(à ca. 180 g; ohne Haut)
Salz, Pfeffer
Saft von ½ Zitrone
2 EL Olivenöl, 50 g Butter
75 ml Madeira

Für die Beurre Blanc:
1 Schalotte
75 g kalte Butter
100 ml Riesling
200 ml Fischfond
100 g Sahne
1–2 EL geschlagene Sahne
Salz, Pfefer
Kerbel

1. Spargel schälen und holzige Enden abschneiden. In einem Topf reichlich Wasser zum Kochen bringen, mit 1 kräftigen Prise Salz und 1 EL Zucker würzen und die Spargelstangen darin ca. 12 Min. bissfest garen. Herausheben, abtropfen lassen und in zerlassener Butter schwenken, dabei nochmals mit Salz, Pfeffer und etwas Zucker würzen. Warm halten.
2. Für den Fisch die Morcheln putzen und waschen. Die Schalotte schälen und fein würfeln. Die Steinbuttfilets mit Salz, Pfeffer und Zitronensaft würzen. Öl und Butter in einer Pfanne erhitzen und den Fisch darin bei mittlerer Hitze auf beiden Seiten 3–4 Min. braten. Aus der Pfanne nehmen und warm halten. Stattdessen die Schalotten in die Pfanne geben und anschwitzen. Die Morcheln zufügen, kurz mitdünsten, dann mit Madeira ablöschen, mit Salz und Pfeffer würzen und die Pfanne vom Herd ziehen.
3. Für die Beurre Blanc die Schalotte schälen, fein würfeln und in 1 EL Butter in einem kleinen Topf anschwitzen. Mit Riesling ablöschen, Fischfond und Sahne zugießen und alles um die Hälfte einkochen lassen. Salzen und pfeffern.
4. Steinbutt und Spargel auf Tellern anrichten, Morcheln auf dem Fisch verteilen. Geschlagene Sahne und restliche kalte Butter zur Fisch-Sahne-Reduktion geben und schaumig mixen. Auf die Teller träufeln und mit Kerbel garnieren.

Vanille-Crème-Brûlée mit Bratapfelsorbet

Für 4–6 Portionen
Zubereitungszeit:
ca. 60 Min. +
ca. 1 Std. Garzeit +
ca. 4 Std. Abkühlzeit

Für die Crème Brûlée:
150 ml Milch
350 g Sahne
75 g Zucker
Mark von 2 Vanilleschoten
7 Eigelbe
75 g brauner Zucker

Für das Sorbet:
6 süßsäuerliche Äpfel
(ca. 600 g; z. B. Boskop)
2 EL Butter
50 g Zucker
200 ml Apfelsaft
Saft von 1 Zitrone
1 TL Zimt
2–3 EL Rum
2 Blatt Gelatine

Außerdem:
2 mittelgroße Äpfel
30 g Butter
2 EL Zucker
4–6 knusprige Apfelchips
(nach Belieben)

1. Milch, Sahne, Zucker und Vanillemark aufkochen. Vom Herd nehmen und nach und nach die Eigelbe unterrühren. Topf wieder auf den Herd stellen und bei mittlerer Hitze rühren, bis die Masse leicht dickflüssig ist. Die Creme durch ein feines Sieb in eine Schüssel gießen.
2. Den Backofen auf 110° (Ober-/Unterhitze) vorheizen. Die Creme auf tiefe Teller verteilen, diese auf Blechen in den Ofen schieben (unten und Mitte) und die Creme ca. 1 Std. garen. Herausnehmen und im Kühlschrank erkalten lassen.
3. Für das Sorbet die Äpfel schälen, vierteln und das Kerngehäuse entfernen. Die Viertel würfeln und 2–3 Min. in Butter braten. Mit Zucker karamellisieren. Apfel-, Zitronensaft und Zimt zufügen und die Äpfel ca. 15 Min. weich kochen. Pürieren, mit Rum verfeinern und durch ein feines Sieb passieren. Die Gelatine ca. 5 Min. in kaltem Wasser einweichen, ausdrücken und in dem heißen Püree auflösen. In einer Eismaschine cremig gefrieren.
4. Die 2 verbliebenen Äpfel quer in ca. 1,5 cm dicke Scheiben schneiden und mit einem Ausstecher (ca. 5 cm Ø) in Form bringen. In Butter auf beiden Seiten je 3–4 Min. braten. Dabei mit Zucker bestreuen.
5. Die Vanillecreme gleichmäßig mit braunem Zucker bestreuen und mit einem Bunsenbrenner karamellisieren. Je 1 gebratene Apfelscheibe auflegen und darauf je 1 Nocke Sorbet platzieren. Nach Belieben mit Apfelchips garnieren.

George W. Bush war auf Staatsbesuch in Deutschland. Auf dem Programm stand auch eine deutsch-amerikanische Konferenz im Kurfürstlichen Schloss zu Mainz. Die Sicherheitsanforderungen waren enorm, die ganze Gegend war im Ausnahmezustand. Gullideckel wurden zugeschweißt, Scharfschützen auf den Dächern der Innenstadt postiert und auf den Straßen gab es kaum ein Durchkommen. Johann Lafer, der das Festbankett ausrichten sollte, schwante Böses. »Wenn die wollen, dass wir für die kochen, müssen sie uns auch durchlassen.« Gerade eben pünktlich erreichte sein Team die Küche im Schloss, da ging's auch schon los, streng bewacht von unzähligen FBI-Agenten. Alles ging gut, bis zum Dessert: Vanille-Crème-Brûlée mit Bratapfelsorbet. Als man den Bunsenbrenner zückte, lautete die unmissverständliche Ansage der Sicherheitsleute: »No fire, please!« Von den Feinheiten gehobener Küche hatte der gemeine FBI-Mann schlichtweg keine Ahnung. Guter Rat war teuer, aber die Situation wurde gelöst, indem man jedem Mitarbeiter einen eigenen Securitymann zur Seite stellte, der unter Argusaugen das merkwürdige Treiben beobachtete. George W. Bush ließ ausrichten, es habe gemundet.

SINGAPORE AIRLINES

7.
Auf in die Zukunft

Es gibt noch viele Pläne

Die Welt bleibt nicht stehen und das gilt im Besonderen für die Entwicklung in der Küche. Viele Geräte erleichtern das Arbeiten, Hightech hat längst Einzug auch in ländlichen Gasthäusern gefunden. Genauso hat sich geschmacklich sehr viel getan und Johann hat daran beträchtlichen Anteil. Viele neue Kreationen sind von ihm erdacht worden und werden überall umgesetzt. Unermüdlich war er immer wieder auf der Suche nach der Einzigartigkeit, dem besonderen Gewürz, der besonderen Note. Dazu zählte auch ein Besuch an der spanischen Costa Brava, wo in Roses Ferran Adrià bis 2011 das Restaurant »elBulli« betrieb, das durch seine Molekularküche weltberühmt wurde. Es gibt Gourmets, die von ungeahnten Genussexplosionen am Gaumen schwärmen. Anderen ist das zu abgehoben, sie vertrauen auf regionale Produkte ohne biochemische Vorzugsbehandlung. Zu Letzteren gehört Johann Lafer. Obwohl allem Neuen und Modernen durchaus zugetan, fand bei ihm in den letzten Jahren ein Sinneswandel statt. Er fragte sich, wohin das alles führen sollte, und konnte sich, wie er selbst sagt, »nicht mehr anschauen, wie der

Koch nur noch die Spitzen vom Dill abzupft und den Rest wegwirft«. Auch vor dem Hintergrund, dass wir hier im Überfluss leben, während in anderen Teilen der Welt die Menschen nicht genug zu essen haben. Johann war und ist mehr als jemals zuvor bewusst, dass Zukunft Herkunft braucht. Dass wir uns wieder auf das konzentrieren müssen, was die Natur uns bietet, ohne dabei auf Genuss verzichten zu müssen.

Schon lange war Johann der Meinung, dass in den Schulen, in der Erziehung unserer Kinder, das Thema Lebensmittel und Geschmack auf den Stundenplan gehörte. Im damaligen Bundesinnenminister Horst Seehofer fand er einen interessierten Zuhörer. Nun ist in Deutschland aber Bildung Ländersache und es mussten auch die Kultus- und Bildungsminister der Länder überzeugt werden. Also wurde die »Semaine du goût« ausgerufen, die Woche des Geschmacks. In vielen Bundesländern war Johann ehrenamtlich unterwegs, um die Bildungseinrichtungen, Lehrer und Schüler vom »guten Geschmack« zu überzeugen. Nur, die Woche war bald vorbei und es lief wieder so, wie man es gewohnt war.

Doch Johann ließ nicht locker und ging das Thema »Food Education«, Lebensmittelausbildung, aktiv an. Ein mehr als ambitioniertes Projekt wurde 2012 in Bad Kreuznach ins Leben gerufen. Die Initiative »food@ucation« sollte das Essverhalten der Schüler sowohl durch ein entsprechendes Speiseangebot als auch durch eine ganzheitliche Ernährungsbildung nachhaltig verbessern. Das Gymnasium am Römerkastell in Bad Kreuznach hatte gerade eine neue, sehr moderne Schulmensa gebaut. Dort war der richtige Ort für das Projekt gefunden. Zum Start der neuen Mensa war regionale und landesweite Politprominenz vor Ort, darunter die rheinland-pfälzischen Landesministerinnen für Bildung und Ernährung, Doris Ahnen und Ulrike Höfken. Nur Bundesministerin Ilse Aigner (CSU) aus Berlin, die ihr Kommen ursprünglich angekündigt hatte, sagte den Besuch kurzfristig aus Termingründen ab.

Es ließ sich gut an. Das Projekt wurde von der Hochschule Fulda wissenschaftlich begleitet und im Rahmen einer Koch AG und eines Mensabeirats wurden die Schüler eng in die Speiseplangestaltung eingebunden. Auch eine festangestellte Ökotrophologin war dabei, die als Schnittstelle zwischen Mensa und schulischer Ernährungs- und Lebensmittelkunde fungierte. Johann sah sich am Ziel seiner Wünsche und stellte fest: »Ich will mich ja nicht selbst verwirklichen, sondern die Ernährung von Schulkindern revolutionieren, die Frage der Verpflegung der Ganztagsschüler kommt oft ganz zum Schluss und erscheint nur als notwendiges Übel.«
Damit das Ganze auch einen vernünftigen rechtlichen und ökonomischen Rahmen hatte, wurde die Firma »Foodeducation« gegründet, geleitet von den beiden langjährigen Lafer-Mitarbeitern Sebastian Rösler und Johannes Zimmermann. Auch den beiden ging es von Anfang an um viel mehr, als nur zu kochen. Die Grundidee,

Um Geld für sein Schulmensaprojekt zu sammeln, konnte Johann 2011 die Rockband »Scorpions« für ein Wohltätigkeitskonzert gewinnen.

neben Essen auch Wissen über gesunde Ernährung an die Schüler zu bringen, war ihr erklärtes Ziel. Leider fand diese Initiative 2016 ein frühes und jähes Ende. Der Kreisausschuss Bad Kreuznach beschloss, die Schulverpflegung des Gymnasiums neu auszuschreiben, und vergab sie abschließend an eine Cateringfirma in Berlin.

Johanns besondere Beziehung zur asiatisch-europäischen Küche hatte sich herumgesprochen und so wurde 2018 die Fluggesellschaft »Singapore Airlines« auf ihn aufmerksam. Sie wollte ihren First- und Businessclassgästen an Bord gerne eine neu interpretierte alpenländische Küche servieren. Nach kurzer Zeit zog die Airline eine außerordentlich positive Bilanz der Kooperation: »Die Resonanz unserer Kunden zu den köstlich zubereiteten Gerichten von Johann Lafer war überwältigend positiv!« Es entstand eine fruchtbare Partnerschaft und die Gäste der First- und Businessclass können auch in Zukunft über den Wolken alpenländisch inspirierte Gerichte genießen.

Gesund genießen

Bei einer seiner jährlichen Fastenkuren im Lanserhof bei Innsbruck in Tirol hatte Johann endlich einmal Zeit, über seine Zukunft nachzudenken und darüber, wie er seine Lebensqualität verbessern könnte. Ihm wurde klar, dass mit zunehmendem Alter dieses Tempo nicht durchzuhalten war. Außerdem bekam er zunehmend gesundheitliche Probleme. 45 lange Berufsjahre zollten ihren Tribut. Johann litt unter Arthrose in den Knien. Als die Schmerzen unerträglich wurden, war eine Operation unausweichlich. Um Linderung zu bekommen, kam erst einmal ein Knie unter das Messer.

Um eine zweite OP zu vermeiden, wandte sich Johann an Dr. Petra Bracht und ihren Mann Roland Liebscher-Bracht, Experten auf dem Gebiet der Schmerztherapie. Die beiden schafften es, ihn auf natürliche Weise von seinen Schmerzen zu befreien. Gemeinsam machten sich die drei daraufhin ans Werk und verfassten ein Buch, das Arthrosepatienten ein unbeschwertes Leben verspricht, wenn sie sich strikt an die beschriebenen Ernährungshinweise halten. Hauptanteil von »Essen gegen Arthrose« sind die von Johann kreierten genussvollen und alltagstauglichen auf pflanzlicher Ernährung basierenden Rezepte für ein schmerzfreies Leben. Dass sie funktionieren, hat er am eigenen Leibe erlebt. Heute ist er nahezu schmerz- und symptomfrei.

Dieses Buch war sozusagen die Initialzündung, sich noch intensiver mit gesunder Ernährung zu beschäftigen. Auf einer Veranstaltung in Hamburg lernte er den Ernährungsmediziner Dr. Matthias Riedl kennen. Die beiden verstanden sich auf Anhieb und aus einem kurzen Small Talk wurde spontan ein mehr als fünfstündiger Gedankenaustausch. Das Ergebnis: So kann es nicht weitergehen, die deutschen Küchen brauchen neue Leitlinien. Falsche Ernährung ist hierzulande längst Todesursache Nummer eins – und damit war die Idee geboren, nicht nur ein Buch über gesunde Ernährung, sondern auch über medizinisch richtige Ernährung zu verfassen. »Medical Cuisine« zeigt an mehr als 100 Rezepten, dass gesunde Ernährung nicht nur heilen, sondern vor allem auch richtig gut schmecken kann.

Dr. Riedl und Johann setzten sich 18 Monate lang mit der Materie auseinander. Ersterer wusste, welche Nähr- und Vitalstoffe der Mensch braucht, um der modernen Lebensweise Genüge zu tun, Letzterer steuerte seine kulinarische Kompetenz bei. 2021 war es dann so weit, »Medical Cuisine« konnte der Öffentlichkeit vorgestellt werden. Und das war erst der Anfang einer wirklich gedeihlichen Zusammenarbeit. Inzwischen ist als Nachfolgeband das »Anti-Entzündungskochbuch« erschienen. Auch hier haben sich die beiden wieder ausführlich mit dem Thema beschäftigt und mit Nachdruck ihr erklärtes Ziel verfolgt: eine volksnahe Küche ohne jegliche Verbote. Neben einer medizinischen Erklärung der verschiedenen Entzündungskrankheiten, die Dr. Riedl beisteuerte, gibt es wieder 100 Rezepte – diesmal mit entzündungshemmender Wirkung. Johann hat dafür viele beliebte Gerichte neu interpretiert. Und wie man sich vorstellen kann, kommt der Genussfaktor dabei mit Sicherheit nicht zu kurz.

Wie viele Bücher Johann in seinem Berufsleben geschrieben hat oder an wie vielen er beteiligt war, weiß er wohl selbst nicht mehr. Es müssen an die 100 sein. Aktuell habe ich im Buchhandel 17 Titel in verschiedenen Sprachen gezählt. Und auch dieses Buch hier wird mit Sicherheit nicht das letzte sein. Dazu kommen ein Magazin, ein Podcast, die Kochschule in- und outdoor, Onlinekochkurse für Anfänger bis hin zu einem Kurs für Fortgeschrittene und, und, und, und. Es gibt wohl kaum eine Möglichkeit, zumindest in der Kulinarik, Johann zu übersehen.

Alles Gute!

In diesem Jahr, 2022, vollendet Johann sein 65. Lebensjahr – ein Alter, in dem viele Menschen in Rente gehen. Er aber hat noch einiges in der Pipeline. In der nächsten Zeit wird er sich noch intensiver mit den Themen beschäftigen, die er sich im Laufe seines langen Berufslebens mühsam erarbeitet hat. Seine Kenntnisse auf allen Gebieten der Kochkunst sollen nicht in Vergessenheit geraten, er möchte sie gerne für die Nachwelt als sein Vermächtnis aufarbeiten und erhalten. Es wäre schade, wenn dieses unermessliche Wissen wieder verschwinden würde. Ich bin sicher, wir werden noch viel von ihm hören, in Büchern, Vorträgen, TV-Sendungen und über Social Media. Sein Tatendrang ist ungebrochen und seine Kompetenz nach wie vor unbestritten. Eine aktuelle Studie der Gesellschaft für Konsumforschung hat dies noch einmal eindrucksvoll bestätigt: Johann Lafer ist nach wie vor der bekannteste der deutschen Spitzenköche.

In vielen langen Gesprächen und aus Erlebnissen unserer persönlichen Freundschaft entstand dieses Buch. Ich habe, obwohl ich dachte, ihn gut zu kennen, noch einmal viel gelernt über seine Gedanken, seine Ideen und die Gestaltung seiner Zukunft. Herausgekommen ist dabei eine kulinarische Reise durch nahezu sechs Jahrzehnte, in denen er sich mit Haut und Haaren dem Beruf des Kochs mit Willen zur Höchstleistung verschrieben hat. Johann weiß selbst, dass er es sich und seinen Mitarbeitern nicht immer leicht gemacht hat. Aber in der Spitzengastronomie sind Fehler unverzeihlich und der Gast kommt einfach nicht wieder, wenn Qualität oder Optik nicht dem entsprechen, was von einem Spitzenkoch erwartet wird – und die Gastfreundschaft nicht authentisch und leidenschaftlich vorgelebt wird.

Der Verbraucher spielt aber auch eine große Rolle, dem Koch die alleinige Verantwortung zuzuschreiben, wäre vollkommen falsch. Die Preise, die in Deutschland für Lebensmittel verlangt werden, sind für den Bauern oft nicht mehr kostendeckend. Der Lebensmittelhandel bietet lieber günstige Produkte aus dem Ausland an. Die Folge: Die heimischen Erzeugnisse werden vernichtet oder gar nicht erst wieder angebaut. Ein unerträglicher Zustand, der nicht allein nach der Meinung von Johann nur geändert werden kann, wenn das Bewusstsein der Verbraucher für gute Ernährung geschärft wird. Natürlich sind viele Menschen nicht in der Lage, sich ausschließlich die feinsten Produkte zu kaufen. Trotzdem kann das Wissen über die Jahreszeiten und die in ihnen verfügbaren Obst- und Gemüsesorten einiges bewirken. Dieses Ziel hat sich Johann zur Lebensaufgabe für seinen künftigen Berufsweg gemacht. Er ist der Botschafter des guten Geschmacks bei nachhaltiger Ernährung. Aber das ist ein langer Weg. Als Gast in einer Fernsehtalkshow anlässlich eines neuen Buches über gesunde Ernährung musste er feststellen, dass das Interesse an dem Thema weder von den Gastgebern noch von den übrigen Gästen wirklich gewürdigt wurde. Dabei ist das Thema sehr wichtig für unsere gemeinsame Zukunft auf dieser Erde. Aber davon lässt sich Johann nicht unterkriegen. Seine Vision ist, die Menschen, ob Jung oder Alt, davon zu überzeugen, dass Essen mehr ist als nur Nahrungsaufnahme. Wenn ihm das gelingt, empfindet er das als die ultimative Erfüllung seines langen Berufslebens.

Ich weiß sehr wohl, was Johann meint, wenn er davon spricht, dass die Geschmacksebenen neu ausgebildet werden müssen. Wer noch nie eine natürliche, frisch zubereitete Tomatensuppe gegessen hat, sondern nur Produkte aus der Tüte oder der Konserve kennt, dem wird dieses besondere Geschmackserlebnis vorenthalten bleiben. Meine Freundschaft zu Johann und seine unermüdlichen Überzeugungsversuche haben auch bei mir zu einem Umdenken geführt. Natürlich kostet die Zubereitung frischer Produkte Zeit, aber die zu investieren, lohnt sich. Im Übrigen gibt es inzwischen Küchenhelfer, mit denen selbst unerfahrenen Hobbyköchen auch anspruchsvollere Gerichte perfekt gelingen. Wer sich einmal auf diesen Weg begeben hat, wird ihn nicht mehr verlassen wollen. In diesem Zusammenhang empfehle ich einen gelegentlichen Besuch auf den Social-Media-Kanälen von Johann Lafer. Wer glaubt, dass schlichte Bratkartoffeln nicht zu verbessern wären, wird hier eines Besseren belehrt. Einfach mal ausprobieren und staunen, was dabei herauskommt. Meine Familie und ich genießen heute unsere gemeinsamen Mahlzeiten auf jeden Fall weit intensiver als früher. Ich unterstreiche an dieser Stelle einen Satz Johanns bedingungslos: »Essen und Kochen sind kein Kasperletheater. Der daraus entstandene Genuss ist etwas Sinnliches, etwas Ernsthaftes zur Erhaltung meines Lebens!«

Wir möchten Sie mit diesem Buch einladen, diese kulinarischen Augenblicke und Highlights zu Hause zu erleben, ganz einfach indem Sie das eine oder andere selbst in Ihrer heimischen Küche nachkochen. Viel Spaß dabei.

Fleisch und Fisch kommen bei Johann heute weitaus seltener auf den Tisch und er hat an der alternativen Ernährung großen Gefallen gefunden. Die Wertschätzung eines Essens darf nicht an einem Steak, einem Hummer oder einem teuren Fisch festgemacht werden. Die Inhalte und die Zubereitung sind die ausschlaggebenden Faktoren, immer unter der Prämisse: Tun diese Produkte meinem Körper gut?

Rote-Bete-Carpaccio mit veganer Wasabimayonnaise

Für 4–6 Portionen
Zubereitungszeit:
ca. 30 Min. +
ca. 35 Min. Garzeit

Für das Carpaccio:
4 mittelgroße Rote Beten (ersatzweise 2 große)
1–2 Knoblauchzehen
1 TL Kümmel
Salz
75 g Rucola- und/oder Rote-Bete-Blätter, Brunnenkresse u. Ä.
1 Bio-Zitrone
2–3 EL Ahornsirup
6 EL mildes Olivenöl
Pfeffer

Für die Mayonnaise:
75 ml Sojadrink
2–3 EL Wasabipaste
150 ml Sonnenblumenöl
Salz
2 TL Limettensaft

1. Die Roten Beten zusammen mit den ungeschälten, angedrückten Knoblauchzehen und dem Kümmel in kochendem Salzwasser ca. 35 Min. zugedeckt garen. In dem Sud abkühlen lassen, dann schälen und zur Seite stellen. Den Salat waschen und trocken schleudern.
2. Für die Mayonnaise Sojadrink, Wasabi und 1 Prise Salz in einem hohen Becher mit dem Stabmixer fein pürieren. Das Öl in einem dünnen Strahl einlaufen lassen und untermixen. Mit Salz und Limettensaft abschmecken und die Mayonnaise in einen kleinen Spritzbeutel mit Lochtülle füllen.
3. Die Zitrone heiß waschen und trocken reiben. Die Schale dünn herunter- und in feine Streifen schneiden (alternativ mit einem Zestenreißer arbeiten). Nun die Zitrone halbieren und auspressen. Saft und Zesten mit 3 EL Wasser 2–3 Min. aufkochen. Abkühlen lassen, mit Ahornsirup und Olivenöl verquirlen und mit Salz und Pfeffer würzig abschmecken.
4. Teller mit etwas Oliven-Zitronen-Dressing bestreichen. Rote Beten in möglichst dünne Scheiben schneiden (das geht am besten mit einem Gemüsehobel oder einer Aufschnittmaschine) und leicht überlappend auf die Teller legen. Den Salat auf dem Carpaccio verteilen und das restliche Dressing aufträufeln. Mit Mayonnaisetupfen garnieren.

Gefüllte Pastramiröllchen mit Meerrettichcreme und Käferbohnensalat

Für 4 Portionen
Zubereitungszeit:
ca. 45 Min.

3 EL Sahnemeerrettich
125 g Doppelrahm-Frischkäse
Salz
Zucker
2 Blatt Gelatine
50 ml heiße Milch
250 g Pastrami (am Stück)
400 g gekochte Käferbohnen (Feuerbohnen; aus der Dose)
je 1 rote, gelbe und grüne Paprika
1–2 EL Rapsöl
1 rote Zwiebel
3 EL Apfel-Balsamessig
75 ml Rinderbrühe
Salz, Pfeffer
60 ml Kürbiskernöl
2 EL frisch gehobelter Meerrettich
Schnittlauchhalme (nach Belieben)

1. Sahnemeerrettich mit Frischkäse, Salz und 1 kleinen Prise Zucker vermengen. Die Gelatine ca. 5 Min. in kaltem Wasser einweichen, ausdrücken, in der heißen Milch auflösen und diese mit dem Meerrettichfrischkäse glatt rühren. Die Mischung ca. 30 Min. kalt stellen, nochmals gründlich verrühren und in einen Spritzbeutel mit großer Lochtülle füllen.
2. Pastrami in 2–3 mm dünne Scheiben schneiden. Jeweils quer 1 Streifen Meerrettichcreme aufspritzen. Die Pastramischeiben aufrollen und bis zum Servieren kühl stellen.
3. Die Käferbohnen abgießen, abspülen und abtropfen lassen. Die Paprika waschen, vierteln und von den Kernchen befreien. Die Viertel in einer Grillpfanne mit etwas Öl auf beiden Seiten 5–6 Min. garen. In ca. 1 cm breite Streifen schneiden und mit den Bohnen in eine Schüssel geben.
4. Die Zwiebel schälen, in breite Streifen schneiden und ebenfalls in etwas Öl anschwitzen. Mit Balsamessig ablöschen und mit Brühe, Salz und Pfeffer sowie Kürbiskernöl zu einer Vinaigrette verrühren. Zu den Bohnen und Paprikastreifen geben, alles vermengen und ca. 30 Min. ziehen lassen. Vor dem Anrichten nochmals mit Salz und Pfeffer abschmecken.
5. Pro Portion je 2 Pastramiröllchen mit etwas Bohnensalat anrichten und mit gehobeltem Meerrettich bestreuen. Nach Belieben mit Schnittlauchhalmen garnieren.

Eines der Rezepte für Singapore Airlines.

Ich serviere zum Zander kleine, mit Tiroler Speck umwickelte und gebratene Kartöffelchen.

Zander auf Paprikakraut mit Rieslingschaum

Für 4 Portionen
Zubereitungszeit: ca. 45 Min.

Für das Kraut:
2 rote Paprika
400 ml Gemüsebrühe
1 Zwiebel, 2 EL Butterschmalz
2 EL Zucker
400 g Sauerkraut
1 EL edelsüßes Paprikapulver
1 TL geräuchertes Paprikapulver
50 g Butter, 2 EL Ajvar
Salz, Pfeffer

Für die Sauce:
1 Schalotte, 1 EL Rapsöl
150 ml Riesling
300 ml Fischfond
150 g Sahne, Salz, Pfeffer
50 g Butter
2 EL geschlagene Sahne

Für den Fisch:
4 Zanderfilets (à 150 g; mit Haut), Salz, Pfeffer
Saft von 1 Zitrone
4 Zweige Thymian
2 Knoblauchzehen
2 EL Rapsöl

1. Die Paprika waschen, vierteln und von den Kernchen befreien. Die Viertel in Würfelchen schneiden und mit der Brühe im Mixer sehr fein pürieren. Den entstandenen Saft durch ein feines Tuch in einen Topf pressen.
2. Die Zwiebel schälen, in dünne Streifen schneiden und in heißem Schmalz anschwitzen. Mit Zucker bestreuen und etwas karamellisieren. Das Sauerkraut zufügen und mit anschwitzen. Das Paprikapulver untermischen. Den Paprikasaft dazugießen und das Kraut unter gelegentlichem Rühren bei mittlerer Hitze 15–20 Min. einköcheln.
3. Inzwischen für die Sauce die Schalotte schälen, würfeln und in 1 EL Rapsöl anschwitzen. Mit Riesling ablöschen, Fischfond und Sahne zugießen und alles offen um die Hälfte einkochen lassen. Mit Salz und Pfeffer würzen.
4. Die Zanderfilets mit Salz, Pfeffer und Zitronensaft würzen und zusammen mit dem Thymian und den angedrückten Knoblauchzehen in einer beschichteten Pfanne in Rapsöl auf der Hautseite ca. 5 Min. braten. Wenden und auf der anderen Seite ca. 1 Min. braten. Pfanne vom Herd ziehen, den Fisch aber noch etwas darin ziehen lassen.
5. Das Kraut mit Butter und Ajvar verfeinern und mit Salz und Pfeffer abschmecken. Mit dem gebratenen Zander anrichten. Butter und geschlagene Sahne zur Rieslingsauce geben, mit dem Pürierstab schaumig mixen und die Sauce dann um das Kraut verteilen.

Lachsfischstäbchen in Nusspanade mit Gurkenremoulade und Endivien-Zuckerschoten-Salat

Für 4 Portionen
Zubereitungszeit:
ca. 45 Min. +
ca. 10 Min. Backzeit

Für die Remoulade:
1 mittelgroße Salatgurke
je 1 Bund Dill und Schnittlauch
150 g Mayonnaise
100 g Joghurt
1 TL mittelscharfer Senf
Salz, Cayennepfeffer

Für den Salat:
½ Kopf Endiviensalat
200 g Zuckerschoten
Salz, 125 g Sauerrahm
2–3 EL Apfelessig
2–3 EL Ahornsirup
1 TL Senf, Pfeffer

1. Für die Remoulade die Gurke schälen, der Länge nach vierteln, das Kerngehäuse wegschneiden und die Viertel dann in kleine Würfel schneiden. Dill und Schnittlauch abbrausen, trocken schwenken und fein hacken. Alles mit Mayonnaise, Joghurt und Senf verrühren und mit Salz sowie Cayennepfeffer würzig abschmecken.
2. Für den Salat die Endivie in Streifen schneiden, waschen und trocken schleudern. Die Zuckerschoten putzen und ca. 3 Min. in kochendem Salzwasser bissfest blanchieren. Abgießen und kalt abschrecken. Den Sauerrahm mit Essig, Ahornsirup und Senf in einer großen Schüssel verquirlen und mit Salz und Pfeffer kräftig würzen. Salatstreifen und Zuckerschoten untermischen.
3. Für die Panade der Fischstäbchen die Nüsse grob hacken und mit den Kernen, dem Panko und den Haferflocken mischen. Vollkornmehl, Stärke und Backpulver in eine Schüssel sieben und unter Rühren langsam ca. 150 ml kaltes Wasser dazugeben, sodass ein sämiger Teig entsteht.

Für die Fischstäbchen:
75 g gemischte Nüsse und Kerne (z. B. Walnüsse, Haselnüsse, Mandeln, Kürbiskerne, Sonnenblumenkerne, Sesam)
50 g grobe Vollkornhaferflocken
100 g Panko (ersatzweise Semmelbrösel)
50 g Vollkornmehl
50 g Speisestärke
1 Pck. Backpulver
12 Stücke Lachsfilet (à ca. 50 g; ohne Haut und Gräten)
Salz, Pfeffer
Saft von ½ Zitrone
100 ml Rapsöl
Zitronenspalten, Dill

4. Die Lachsfilets kalt abbrausen, trocken tupfen und mit Salz, Pfeffer und etwas Zitronensaft würzen. Durch den Teig ziehen und in der Haferflocken-Nuss-Mischung panieren.
5. Das Rapsöl in einer breiten Pfanne erhitzen und die Fische portionsweise darin schwimmend 3–4 Min. goldbraun und knusprig ausbacken. Auf Küchenpapier abtropfen lassen und mit der Remoulade anrichten. Nach Belieben mit Zitronenspalten und frisch gezupftem Dill garnieren. Dazu den Endiviensalat reichen.

Tofuecken auf Wasserspinat mit Sesamcrunch

Für 4 Personen
Zubereitungszeit:
ca. 30 Min.

Für den Tofu:
½–1 Chilischote
Saft von ½ Zitrone
2 TL Sesamöl
4 TL Sojasauce
½ TL geräuchertes Paprikapulver
400 g Tofu
2–3 EL Rapsöl

Für den Spinat:
3 EL Sojasauce
½ TL schwarze Bohnensauce (Asialaden)
2 Knoblauchzehen
600 g Wasserspinat
1 EL Rapsöl

Für den Crunch:
4 EL gerösteter Sesam
Chilipulver
10 EL geriebener Parmesan

1. Für den Crunch den Backofen auf 200° (Umluft) vorheizen. Gerösteten Sesam, 1 Prise Chilipulver und Parmesan vermischen. Auf einem mit Backpapier ausgelegten Blech kleine Parmesaninseln verteilen und etwas platt drücken. Im Ofen 6–8 Min. goldbraun backen. Herausnehmen und vollständig abkühlen lassen.
2. Für den Tofu die Chilischote waschen, entkernen und fein hacken. Mit Zitronensaft, Sesamöl, Sojasauce und Paprikapulver verrühren. Den Tofu in gleichmäßige ca. 1 cm dicke Dreiecke schneiden und in einer Pfanne von beiden Seiten goldbraun braten. Die Pfanne vom Herd nehmen, die Marinade darübergeben und den Tofu darin schwenken.
3. Für den Spinat Sojasauce und schwarze Bohnensauce verrühren. Den Knoblauch schälen und dazureiben. Den Wasserspinat waschen und ggf. lange Stiele in ca. 4 cm große Abschnitte zerteilen (nicht wegwerfen, sondern mitbraten), Blätter ganz lassen. In einer heißen Pfanne mit Öl ca. 1 Min. scharf anbraten, dabei rühren. Erst am Ende die Marinade dazugeben, noch mal schwenken und ein paar Sekunden mitbraten.
4. Den Spinat auf Tellern portionieren, die Tofuecken darauf platzieren, mit Sesamöl beträufeln und mit dem Crunch garnieren.

Lafers Linzer Torte 2.0

Für 8–12 Portionen
Zubereitungszeit:
ca. 1 ½ Std. +
ca. 45 Min. Backzeit +
ca. 2 Std. Kühlzeit

Für den Boden:
100 g weiche Butter
50 g Puderzucker
1 TL Zimt
1 Msp. Nelkenpulver
1 Ei
50 g Mehl
50 g gemahlene Haselnüsse
1 TL Backpulver

Für die Creme:
3 Blatt Gelatine
150 g Nussnougat
2 Eier (Größe M)
2 EL Amaretto
Salz
50 g Zucker
150 g geschlagene Sahne

1. Den Backofen auf 180° (Ober-/Unterhitze) vorheizen. Für den Boden die Butter mit Puderzucker, Zimt und Nelkenpulver schaumig schlagen. Das Ei unterrühren. Das Mehl mit den Haselnüssen und dem Backpulver mischen und unter die Butter-Ei-Mischung rühren.
2. Einen Backrahmen (ca. 20 x 16 cm) auf ein mit Backpapier belegtes Backblech setzen. Den Teig gleichmäßig ca. 5 mm dünn in dem Rahmen verteilen, mit dem Löffelrücken glatt streichen und im Ofen ca. 20 Min. goldbraun backen. Das Backblech aus dem Ofen nehmen und den Boden im Rahmen abkühlen lassen.
3. Für die Creme die Gelatine ca. 5 Min. in kaltem Wasser einweichen. Das Nussnougat in einer Schüssel über einem heißen Wasserbad schmelzen. Die Eier trennen. Die Eigelbe mit Amaretto in einer Schüssel über einem heißen Wasserbad ca. 5 Min. schaumig schlagen. Die Gelatine ausdrücken und im warmen Schaum auflösen. Das geschmolzene Nougat unterrühren.
4. Die Eiweiße mit 1 Prise Salz steif schlagen, dabei den Zucker einrieseln lassen. Eischnee und geschlagene Sahne behutsam unter die Nougatcreme heben, anschließend die Mousse auf dem gebackenen Boden verteilen (in der Form), glatt streichen und das Ganze für ca. 1 Std. in den Kühlschrank stellen.

Fortsetzung nächste Seite

Für das Gelee:
2 Blatt Gelatine
300 g Rote Johannisbeeren
50 g Zucker

Für das Gitter:
2 Eiweiße
Salz
75 g Zucker
75 g gesiebter Puderzucker
100 g geröstete, gehackte Haselnüsse

5. Inzwischen für das Gelee die Gelatine ca. 5 Min. in kaltem Wasser einweichen. Die Johannisbeeren waschen, von den Stielen streifen und mit dem Zucker ca. 5 Min. bei mittlerer Hitze köcheln lassen. Anschließend durch ein feines Sieb streichen. Die Gelatine ausdrücken und im Johannisbeersaft auflösen. Das Gelee etwas abkühlen lassen und dann gleichmäßig auf der Mousse im Rahmen verteilen. Nochmals für ca. 1 Std. kalt stellen.
6. Für das Gitter den Ofen erneut auf 110° vorheizen. Die Eiweiße mit 1 Prise Salz steif schlagen. Dabei nach und nach den Zucker zufügen. Weiterschlagen bis der Eischnee dickcremig und sehr steif ist. Dann den gesiebten Puderzucker behutsam unterziehen.
7. Die Masse in einen Spritzbeutel mit kleiner Lochtülle füllen und als Gitter auf ein mit Backpapier belegtes Backblech spritzen. Die Haselnüsse gleichmäßig darüberstreuen. Das Baisergitter im Ofen ca. 30 Min. backen bzw. trocknen. Herausnehmen, auf dem Backblech abkühlen lassen und dann behutsam in 8–12 Stücke brechen.
8. Den Backrahmen entfernen und die Linzer Torte in gleich große Stücke schneiden (ca. 3 x 8 cm). Je 1 Baisergitter auflegen und die Stücke servieren.

Im Sommer können Sie die Torte passend zum Gelee nach Belieben mit Roten Johannisbeeren garnieren.

LAFER

Register

A

Almochsenfilet, steirisches, mit Pfefferkruste und Brunnenkresse-püree S. 158 f.
Apfelstrudel 21

B

Backhendl mit Häupterlsalat 19
Biskotten mit Weinchadeau 25

C

Crêpes Suzette 140
Currywurst »La Ola« 131

E

Entenleberflan mit Feldsalat und gebratenen Apfelspalten 62
Erdbeerrosette mit Rhabarberschaum 69
Erdbeertorte »Lenôtre« 71
Esterhazy-Torte 65

F

Faschingskrapfen mit Marillen-marmelade 26

G

Gebratener Steinbutt mit Spargel, Morcheln und Beurre Blanc 162
Geflügelleberpraline im Kürbiskern-mantel auf Gewürztraminergelee 89
Gefüllte Pastramiröllchen mit Meerret-tichcreme und Käferbohnensalat 178
Gefüllte Windbeutel mit Vanillesahne und Kirschragout 139
Gegrilltes Hähnchen auf der (hoffentlich geöffneten) Bierdose 133
Gemüse-Millefeuille mit Riesen-garnelen 100 f.

H

Hähnchen, gegrilltes, auf der (hoffentlich geöffneten) Bierdose 133
Haselnussschmarrn mit Preiselbeeren, aber ohne Vanille 136
Hendl, Sulmtaler, unter der Haut gefüllt 40
Hummer-Ravioli mit Austern-schaum 103
Hunsrücker Hahn in Spät-burgunder 161

J

Jakobsmuschel-Saté auf Mangosalat 96
Kalbsbriesparfait im Madeira-Gelee-mantel mit glasiertem Kalbsbries 90 f.

K

Kürbiscremesuppe mit steirischem Kernöl und gerösteten Kürbiskernen 37

L

Lachsfischstäbchen in Nusspanade mit Gurkenremoulade und Endivien-Zuckerschoten-Salat 182 f.
Lafers Linzer Torte 2.0 187 f.
Lafers Sachertorte 72
Lafers Schokokuss 110 f.

M

Malakoff-Torte 43
Millefeuille aus Krokant-Blätterteig mit Bourbon-Vanillecreme und Erdbeeren 113
Mousse au chocolat auf Saucenspiegel 66

O

Opas Rührei mit Minzstängel und Bauernbrot 13
Original Esterhazy-Torte 65

P

Pastramiröllchen, gefüllte, mit Meerrettichcreme und Käferbohnensalat 178
Perlhuhnessenz mit Trüffel unter der Blätterteighaube 61

R

Rahmsuppe mit Geflügelklein 14
Rehrücken mit Pistazienkruste, Selleriecreme und eingelegten Sauerkirschen 155 f.
Rote-Bete-Carpaccio mit veganer Wasabimayonnaise 177
Roulade von Räucherlachs in knusprigem Kartoffelrösti-Mantel 105

S

Sachertorte 72
Saftgulasch 39
Schokoküchlein, warmes 44
Schokokuss 110 f.
Singapurnudeln mit gebackenen Wan Tans, Edelfischröllchen und Knuspergarnelen in Thaisud 93 f.
Spagatkrapfen 22
St. Petersfisch im Kokos-Gewürz-Sud auf Glasnudelsalat 99
Steinbutt, gebratener, mit Spargel, Morcheln und Beurre Blanc S. 162
Steirisches Almochsenfilet mit Pfefferkruste und Brunnenkressepüree 158 f.
Sulmtaler Hendl, unter der Haut gefüllt 40

T

Tafelspitzsülze mit Schnittlauchschmand 153
Tofuecken auf Wasserspinat mit Sesamcrunch 184
Truffes d'Or 114

V

Vanille-Crème-Brûlée mit Bratapfelsorbet 164

W

Warmes Schokoküchlein 44
Wiener Schnitzel 16
Windbeutel, gefüllte, mit Vanillesahne und Kirschragout 139
Wolfsbarsch in der Salzkruste gegart 134

Z

Zander auf Paprikakraut mit Rieslingschaum 181
Zander-Flusskrebs-Savarin im Spaghetti-Mantel mit Flusskrebsragout, Erbsen und Zuckerschoten 107 f.

Impressum

Gräfe und Unzer ist eine eingetragene Marke der GRÄFE UND UNZER VERLAG GmbH,
www.gu.de

GRÄFE UND UNZER

ISBN 978-3-8338-8282-1

1. Auflage 2022

Projektleitung: Simone Kohl
Rezepte: Johann Lafer, Andreas Neubauer
Text: Jan Hofer
Lektorat: Sylvie Hinderberger
Korrektorat: Christian Wolf
Umschlaggestaltung und Layout:
Ki36 Editorial Design, Sabine Krohberger, München
Covermotiv und Fotografie:
Markus Bassler, Frankfurt
Foodstyling: Andreas Neubauer

Bildnachweis:
Alle Fotos stammen von Markus Bassler mit Ausnahme von: alamy: S. 117; Hamburg Messe und Congress: S. 151; Krug: S. 32; Markus Hildebrandt: S. 87; Peter Hönnemann: Klappe Umschlag hinten; imago: S. 126, 129; privates Fotoalbum Johann Lafer: Cover, S. 9, 11, 35, 51, 78, 81, 83, 146, 149, 170, 189; Stocksy: S. 116.

Herstellung: Markus Plötz
Satz: Christopher Hammond
Reproduktion: Ludwig, Zell am See
Druck und Bindung: Firmengruppe APPL, aprinta, Wemding

Umwelthinweis:
Dieses Buch ist auf PEFC-zertifiziertem Papier gedruckt. PEFC garantiert, dass Holz- und Papierprodukte aus nachhaltig bewirtschafteten Wäldern stammen.

Die GU-Homepage finden Sie unter
www.gu.de

GRÄFE UND UNZER

Ein Unternehmen der
GANSKE VERLAGSGRUPPE